정성하의
Two of Me

핑거스타일 기타리스트 정성하 6집
〈Two of Me〉 기타 악보집

SRMUSIC

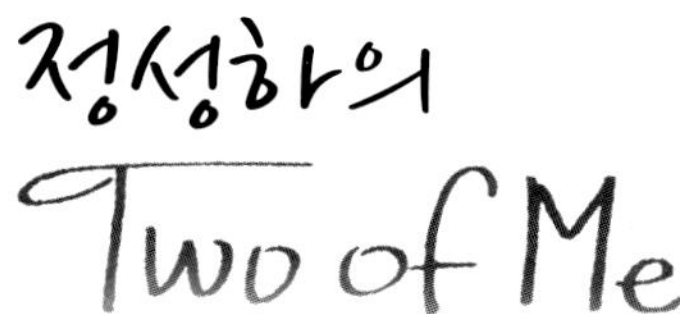

핑거스타일 기타리스트 정성하 6집
〈Two of Me〉 기타 악보집

2015년 10월 31일 발행

펴낸이 | 하성훈
펴낸곳 | SRM(에스알엠)
주소 | 서울시 서초구 반포대로 22길 85 에덴빌딩 3층
전화 | 편집부/02-587-5158 · 영업부/02-587-5157
인터넷 홈페이지 | www.srmusic.co.kr
등록번호 | 제16-2389 · **등록일자** | 2001년 4월 26일

악보감수 | 정성하
악보채보 | 남지호(어쿠스틱기타앤뮤직)
편집 | 신창식
디자인 | 이호영, 김여름
마케팅 | 신동수

값 15,000원
ISBN 979-11-86471-08-1

※잘못 만들어진 책은 구입처에서 교환해 드립니다.

목차 Contents

저의 새로운 이야기,
여러분의 연주로 채워주세요!!

디스코그래피 Discography

인터뷰 Interview

디스코그래피 Discography

〈Two of Me〉라는 타이틀로 발매된 여섯 번째 정규앨범은 이전보다 더욱 다양한 모습을 담고 있다. 여섯 곡의 듀엣을 수록하고 있으며, 보사노바 리듬과 신디사이저 등의 요소도 가미되어 있다. 각각의 개성을 보여준 여섯 장의 앨범을 살펴보자.

by 편집부

Perfect Blue

발매일 2010.06.15
Sungha Jung Music

정성하의 첫 앨범. 유튜브에서 인기 있었던 곡 중에서 선별한 12곡의 커버곡과 2곡의 자작곡을 수록하고 있다. 울리 베게르샤우센의 프로듀스 작품으로, 핑거스타일 기타 특유의 사운드를 잘 잡아내고 있다. 어린 정성하의 순수한 연주를 느낄 수 있는 앨범.

수록곡

01. Hazy Sunshine
02. Billie Jean
03. One of Us
04. California Dreaming
05. Love of My Life
06. Fields of Gold
07. Superstition
08. Perfect Blue
09. More than Words
10. Livin' on a Prayer
11. A Whiter Shade of Pale
12. Wake Me up when September Ends
13. Twist in My Sobriety
14. I Believe I Can Fly

Irony

발매일 2011.09.20
Sungha Jung Music

1집에 비해서 크게 향상된 연주력을 들려주는 두 번째 앨범. 자작곡의 비율도 늘어나, 핑거스타일 기타리스트로서의 실질적인 데뷔앨범 적인 성격을 가지고 있다. 이 앨범도 울리 베게르샤우센과 함께 작업을 했으며, 자작곡과 커버곡이 조화를 이루는 구성이다.

수록곡

01. For You
02. Irony
03. 벌써일년
04. Fly like the Wind
05. Waterfall
06. They don't care about Us
07. Fragile
08. The Winner takes it All
09. Songbird
10. Farewell
11. Tree in the Water
12. Beat it
13. River flows in You
14. Lonely

The Duets

발매일 2012.12.27
Sungha Jung Music

일본의 핑거스타일 기타리스트와 듀엣으로 연주한 콜라보레이션 작품. 1,2집에 실렸던 자작곡과 새롭게 선별한 커버곡들을 듀엣 버전으로 편곡해서 수록하고 있다. 일본의 기타리스트들이 교토의 녹음실에 함께 모여 녹음한 핑거스타일의 기념비적인 작품이다.

수록곡

01. Change the World
02. Wayfaring Stranger
03. Ob-La-Di, Ob-La-Da
04. Perfect Blue
05. La Belle Dame Sans Regrets
06. Hazy Sunshine
07. Shape of My Heart
08. Kokomo
09. Irony

Paint It Acoustic

발매일 2013.04.15
Sungha Jung Music

모든 수록곡을 자신이 직접 작곡하거나 편곡을 했다. 전작에 비해서 한층 성숙해진 곡 완성도와 연주 테크닉을 들려주고 있으며, 앨범 곳곳에 다양한 음악적 요소를 넣어 다채로운 분위기를 연출하고 있다. 본격적으로 정성하 자신만의 음악세계를 표현하고 있는 앨범이다.

수록곡

01. Felicity
02. The Phantom of the Opera~from 'The Phantom of the Opera'
03. Sorry
04. Friends
05. On a Brisk Day
06. I Remember You
07. Nostalgia
08. With or Without You(U2)~with Trace Bundy
09. The Merry-Go-Round of Life~from 'Howl's Moving Castle'
10. Gravity
11. Hot Chocolate
12. Monster(BIGBANG)
13. Fanoe ~with Ulli Boegershausen
14. Coming Home ~with Ulli Boegershausen

MONOLOGUE

발매일 2014.04.28
Sungha Jung Music

뮤지션으로서의 내적인 경험과 감성을 자신만의 스토리로 담아낸 이번 앨범에는 11곡의 자작곡을 수록하고 있다. 더욱 발전된 송라이터로서의 역량과 뮤지션 자체로서의 가능성을 확인할 수 있으며, 정성하 자신이 프로듀싱을 직접 담당하기도 했다.

수록곡

01. First Step
02. The Milky Way
03. Sunset In Paris
04. Lost In Memories
05. Flaming
06. Carrying You (From "Laputa: Castle in The Sky")
07. Walking On Sunday
08. Present
09. Sprint
10. Mellow Breeze
11. Mosaic
12. Again

Two of Me

발매일 2015.05.06
Sungha Jung Music

여섯 곡의 듀엣 연주를 수록한 이유로 이번 앨범의 타이틀이 정해졌다. 듀엣을 통한 화성적인 풍부함은 물론 연주방법에서도 유연성 있는 시도를 하고 있다. 신디사이저를 도입한 'Rainy Day', 세월호 희생자를 추모하는 'Stars'에서 그의 감성을 느낄 수 있을 것이다.

수록곡

01. Prelude / April
02. Riding a Bicycle
03. Backpacking
04. Waiting
05. Carol in Spring
06. Harmonize
07. Stars
08. Fairy Tale
09. Late Autumn
10. Wild and Mild
11. Summer Break
12. Rainy Day

정성하

정성하가 일 년 만에 여섯 번째 앨범을 가지고 돌아왔다. 새로운 앨범에는 정성하의 넘치는 음악적인 의욕과 활발하고 부지런한 창작활동이 함께 어우러져 있다. 이번 앨범 〈Two of Me〉에서는 전체 수록곡의 절반인 여섯 곡을 듀엣으로 연주해서 풍부한 사운드와 다양한 색채감을 선사하고 있다.
서울재즈아카데미에 입학해서 음악활동과 학업을 병행하고 있는 정성하를 만나서 이번 앨범에 대한 이야기를 들어보았다.

by 편집부

절반의 듀엣 그리고
다양한 시도를 담은 여섯 번째 앨범

〈Monologue〉 발매 이후에는 어떻게 지냈나요?
잘 지냈어요. 지금까지 해 온 것처럼 해외 공연도 하고…. 이번 앨범을 위한 곡도 썼어요. 그리고 가장 중요한 변화는 서울재즈아카데미에 입학해서 공부를 하고 있다는 점이에요.

혼자 지내는 서울 생활은 어떤가요?
사실, 저는 혼자 사는 게 편하고 좋아요. 이미 중학교 때 기숙사 생활을 해봐서 가족과 떨어져 사는 게 그다지 불편하지는 않지요. 한 달에 한 번씩 집에 내려가서 가족들과 만나는 건 더없이 좋긴 하지만요.

어떤 면에서 혼자 지내는 게 편한가요?
우선은 자유로워서 좋고, 눈치보지 않고 뭐든 마음대로 할 수 있어요. 그렇다고 집에 있어서 불편하다는 의미는 아니에요. 워낙 어려서부터 저는 좀 다르게 커서 그런지 혼자 생활해도 나쁘지는 않다는 의미예요.

학교생활은 어떤가요?
재미있어요. 새로운 것을 배우기 때문이지요. 지금까지는 전문적으로 음악을 배우지 않았잖아요. 그런데, 이론을 배우고 나니 지금까지 카피해 온 곡들에 대해서 이해를 하기 시작한 것이죠. '아, 이렇게 되는 거구나' 하는 느낌이랄까…. 배우는 즐거움에 대해서 알게 되었어요.

어떤 선생님에게 배우나요?
세 분의 선생님이 계세요. 이정우 선생님. 이분에게는 록과 블루스를 배워요. 그리고 김종민 선생님과 김승환 선생님에게는 재즈를 배우지요. 재즈의 기반은 솔로잖아요. 그래서 즉흥연주를 하는 방법을 이론적으로 배우고 있어요.

이론을 알고 난 후에, 연주에 변화가 있나요?
이론이 좀, 머리가 아프긴 해요. 이전에는 코드진행에 따라서 단순히 스케일을 바탕으로 솔로를 했어요. 하지만 요즘에는 텐션이나 재즈의 이론적인 것들을 배워가면서 솔로의 폭도 넓어졌고, 곡을 만드는 데 있어서도 도움이 많이 되고 있어요.

이번 앨범의 컨셉은 무엇인가요?
이번 앨범 수록 곡의 절반을 듀엣으로 연주했어요. 그래서 앨범의 타이틀을 〈Two of Me〉로 정하게 되었어요. 녹음을 두 번씩 한 것이죠. 지금까지 여섯 장의 앨범을 내면서 다른 사람과 협연한 것을 제외하고는 이렇게 많은 듀엣 곡을 수록한 것은 처음이에요. 〈Two of Me〉라는 말 속에서 이전 앨범과는 다른 저의 모습을 볼 수 있지 않을까 하는 의미도 담겨있습니다.

듀엣 곡이라면, 라이브는 어떻게 하나요?
그래서 고민을 많이 했어요. 라이브를 안 할 수는 없잖아요? 그렇다고 MR과 함께 연주하기도 어려워요. 그래서 생각한 게 게스트와 함께 연주를 하는 것이었어요. 핑거스타일 기타리스트 정영호 님에게 부탁을 드려서 여름 공연에서 3곡을 함께 연주했어요.

그래도 어려운 점이 있겠군요.
그렇지요. 지금껏 솔로만 연주해왔기 때문인지 듀엣 곡에서 미숙한

점이 많이 눈에 띄기 시작했어요. 그래서 다음부터는 듀엣 곡을 쓰는 데에 조금 더 신중해져야겠다는 생각을 하게 되었습니다.

어떤 점에서 그렇게 생각하시나요?

핑거스타일은 코드를 함께 연주를 하다보니까, 음이 풍부해지기 마련이지요. 그리고 연주를 하면서 비어보이지 않도록 곡을 쓰지요. 하지만 이 앨범의 곡들은 제가 이론공부를 하기 이전에 썼어요. 그래서인지 솔로 부분도 그렇고 핑거스타일 특유의 풍부함이랄까 그런 점에서 잘 만들지 못했다는 생각이 들어요.

이번 앨범의 녹음과 프로듀싱은 어떻게 진행되었나요?

이번 앨범은 서울의 조그만 스튜디오에서 진행되었습니다. 녹음은 이청무씨가 했고요. 믹싱과 마스터링은 캐나다의 핑거스타일 연주자이기도한 앙뚜앙 듀포Antoine Dufour가 맡아주었어요. 앨범 프로듀싱은 전작 〈Monologue〉에 이어서 제가 직접 했습니다.

결과는 어떻게 생각하시나요?

항상 그렇지만 녹음을 할 때는 의견을 주고받으면서 조금씩 보완을 해나가지요. 그렇기 때문에 결과적으로 만족할 만한 사운드를 뽑아낼 수 있었다고 생각을 해요.

이번에도 주위의 도움을 많이 받았나요?

네. 녹음을 할 때는 언제나 아버지께서 올라오십니다. 녹음실에 같이 계시면서 들어보시고 다양한 의견을 말씀해주시지요.

테크닉적으로도 발전하고 있다고 생각하나요?

테크닉적인 발전은 그다지 크게 느껴지지 않아요. 제가 생각하기에 작곡은 앨범을 낼 때마다 조금씩 향상된다는 생각이 들어요. 그 폭이 크지는 않지만요. 그리고 요즘 느끼는 건 '배우면서 작곡을 하면 조금 더 잘 쓸 수 있겠구나' 하는 점이지요.

서울재즈아카데미에 입학한 이유는?

미국의 버클리 대학에 진학하고 싶어서예요. 서울재즈아카데미가 국내에서는 유일하게 버클리와 자매결연을 맺은 학교잖아요. 버클리에서 학점을 인정해주기 때문이지요. 서울재즈아카데미를 마치고 활동을 좀 더 하다가 버클리로 진학을 하려는 계획을 가지고 있어요.

버클리에 입학하고 싶은 이유는 무엇인가요?

지금껏 배운 게 그렇게 많지가 않다고 생각해요. 10년 동안 독학으로 해왔으니까요. 서울재즈아카데미에서 배운 것만 하더라고 '내가 모르는 게 너무 많았구나' 하는 생각이 들어요. 그러니 버클리에 가면 더 많은 것을 배우게 되리라는 기대감이 생기는 거지요.

음악적인 변화가 있다면?

저는 솔로로 연주하는 핑거스타일 기타리스트잖아요. 하지만 합주가 중요하다는 것을 느꼈어요. 아니, 해보고 싶어졌어요. 그래서 밴드를 하고 싶은 생각이 들어요. 다양한 악기를 연주하는 좋은 연주자들을 만나서 합주를 해보고 싶어요.

핑거스타일 이외의 장르도 해보고 싶은 거군요?

그렇지요. 그래서 요즘은 일렉 기타 연습도 많이 하고 있어요. 최근에는 존 메이어의 라이브를 보면서 새삼 저렇게 하고 싶다는 생각을 하게 되었어요. 기타를 치면서 노래를 부르는 모습이 멋있잖아요.

Lakewood의 기타를 메인으로 쓰고 있는데, 다른 브랜드의 기타도 사용하나요?
Lakewood는 저에게 지속적으로 협찬을 해 주시기 때문에 다른 기타를 사서 공개적으로 친다거나 할 수는 없어요. 하지만 요즘은 Martin 기타를 집에서 치기도 해요. 세상에는 매력적인 기타가 많잖아요? 저도 계속 Lakewood를 써왔지만 다른 기타를 쳐보고 싶은 생각은 당연히 있지요. 하지만 지금까지 Lakewood를 사용해 와서 그런지 익숙하고 저에게 잘 맞아요. 한 두 번씩은 다른 것들을 쓸 수는 있겠지만, 저의 메인 기타는 Lakewood입니다.

해외에서는 어느 나라에서 인기가 많은가요?
YouTube 히트 수를 보면 동남아가 많아요. 베트남, 말레이시아, 인도네시아, 태국 등에서 저를 좋아해주시는 것 같아요. 그리고 이 나라들이 주로 제가 활동을 하는 곳이에요. 전체적으로 나라가 크다보니까 막상 공연을 하려고 여러 도시들을 다녀보면 생각보다 많은 관객이 모이지는 않아요. 하지만 싱가폴은 나라가 좀 작다보니 사람들이 잘 모이는 것 같아요. 그래서 싱가폴에서는 공연을 크게 해요.

싱가폴 공연에서는 몇 명 정도가 모이나요?
1,700명 정도요?

곡 이야기를 해볼까요? 'Prelude/April'에 대해서….
이 곡은 따뜻한 봄날을 생각하면서 만들었어요. 특이한 점은 12현 기타의 높은 쪽 줄만 보통 기타에 끼워서 연주했다는 거예요. 음이 높아서 따뜻한 느낌을 줄 수 있다고 생각을 한 거지요. 여러분들도 따뜻한 느낌을 가지고 연주하시면 좋을 것 같아요.

재미있는 시도군요.
팻 매스니*Pat Metheny*가 〈One Quite Night〉라는 앨범에서 바리톤 기타에 줄을 특이하게 배열해서 연주한 적이 있어요. 그냥 기타줄도 끼우고 바리톤용 줄도 끼웠지요. 그런데 그 앨범이 굉장히 좋아요. 여기서 영감을 받은 거예요. 저의 악보를 채보해주시는 지호 형이 이 방법을 알려주셔서 시도를 해보게 되었어요.

연주할 때의 느낌은 어떤가요?
특이해요. 봄같이 따뜻한 사운드가 나와줘요. 이걸로 'Prelude'를 작곡해서 첫 곡으로 넣으면 좋겠다는 생각을 했어요.

'Riding a bicycle'은 리듬이 인상적이네요.
이 곡은 친구들하고 자전거를 타면서 만든 곡이예요. 첫 곡인 'Prelude/April'처럼 가벼운…, 한강 자전거 도로를 산책하는 느낌으로 만들었어요. 그렇기 때문에 산뜻한 리듬감이 나온 것 같아요.

'Backpacking'의 아르페지오는 확산감이 좋군요.
듀엣 곡이지요. 쓰리핑거 주법으로 연주해요. 하나는 카포를 끼우지 않고, 다른 하나는 카포를 끼우고 연주했어요. 그렇게 되면 한 기타는 낮은 음, 한 기타는 높은 음. 이렇게 조화롭게 어우러지니까 사운드도 풍부해지고 듣기 좋겠다고 생각을 했어요.

어떤 의미로 만든 곡인가요?
제가 여행가는 것을 좋아하거든요. 배낭을 매고 기차를 타고 바다에 간다던지…. 그런 이미지를 생각하면서 작곡을 했어요. 이 앨범에서 제가 특히 좋아하는 곡이에요. 따로 연주하면 단순하지만 듀엣으로 연주하면 듣기 좋으실 거예요. 그리고 튀지 않으면서도 풍부한 사운드를 내는 게 중요해요.

'Waiting'의 느낌은 안절부절 못하는 것 같군요?
여자 친구를 기다릴 때 보통 그렇지 않나요? 전체적으로 발랄한 곡이에요. 중간에 속주 부분이 나와요. 이건 브릿지로 넣었는데 그 부분만 깔끔하게 연주하면 이 곡 역시 전체적으로 어려운 점은 없을 거예요.

'Carol in spring' 제목도 재미있군요.
이 곡은 코드진행이 단순해요. 그래서 반주는 별 어려움 없이 연주하실 수 있을 거예요. 멜로디에 애드립이 많이 나오는데 피크로만 치기에는 무리가 있으실 거예요.

피크로 연주하기 어려운가요?
저는 손톱을 피크처럼 사용하기 때문에 자연스럽게 연주할 수 있어요. 하지만 보통 분들이라면 어렵겠지요. 저는 핑거링으로 피킹을 하는데, 핑거링이 어렵다면 피크로 후렴구를 쳐도 좋을 것 같습니다. 물론 핑거링으로 피크를 다루듯 멜로디 연주할 수 있다면 문제가 없을 겁니다.

크리스마스 같은 분위기네요.
네. 저는 크리스마스를 좋아해요. 1년에 한 번 있다보니까 겨울에는 항상 '크리스마스는 왜 1년에 한 번 밖에 없을까' 하는 아쉬움이 있어요. 그래서 '봄에도 크리스마스가 있으면 어떨까' 하는 생각에서 쓴 곡이죠.

'Harmonize'는 이전의 곡들과 대비를 잘 이루네요.
이 곡은 바리톤 기타로 연주했어요. 앨범 전체적으로 보았을 때 가장 색다른 곡인 것 같아요. 분위기도 그렇고….

무게감도 있네요.
앨범을 듣다보면 대부분 분위기가 비슷해요. 하지만 이건 좀 달라요. 무겁고 어두운 바리톤 기타의 특성을 잘 살리려고 했어요. 전체의 흐름에서 분위기 전환을 해주려고 중간쯤에 넣었어요. 묵직한 느낌을 느끼면서 연주하면 좋을 것 같아요.

곡의 의미는 무엇인가요?
큰 의미는 아니예요. 늘 그렇지만 이것도 곡을 만들고 제목을 붙였

합주가 중요하다는 것을 느꼈어요.

아니, 해보고 싶어졌어요.

그래서 밴드를 하고 싶은 생각이 들어요.

어요. 곡을 완성하고 보니 테크닉과 분위기가 잘 조화를 이루는 것 같았고, 하모니를 잘 이루는 느낌이었지요. 그래서 'Harmonize'로 제목을 짓게 되었습니다.

'Stars'는 의미가 있는 곡이군요.
세월호 희생자들을 추모하는 의미로 만든 곡이에요. 워낙 큰 일이고, 민감한 부분도 있고 해서 발표가 망설여지기도 했어요…. 하지만 그냥 지나칠 수는 없었어요. 너무 가슴아픈 일이라서…. 희생된 사람들 대부분이 또래잖아요. 저보다는 동생들이긴 하지만 같은 학생이기도 하고….

제목의 의미는?
하늘의 별이 되었다는 생각을 해요. '망자는 별이 된다'라는 말이 있잖아요. 그런 걸 생각하면서 안타까운 마음으로 곡을 만들게 되었어요. 이 곡은 제목을 모르고 들으면 슬픈 느낌이 나지 않아요. 메이저이기 때문에 그럴 거예요. 하지만 사연을 알고 나면 슬프게 들리실 거예요.

이 곡의 솔로도 손톱으로 연주했나요?
네, 손톱으로 연주를 했어요. 일렉 기타를 칠 때는 피크를 쓰긴 하지만 아직은 피크가 익숙하지 않아요. 오히려 손톱으로 피킹을 할 때의 장점이 더 많아요. 핑거링을 함께 할 수 있기 때문이지요.

'Fairy Tale'은 동화라는 의미지요?
어렸을 때 다들 동화를 많이 보잖아요? 저도 꼬마였을 때 그랬어요. 그때는 재미있는 이야기였지만, 지금 보면 되게 뻔한 내용이죠. 그런게 동화잖아요. 제가 아직 동심을 가지고 있는 것 같아요.

어떤 면에서 그렇죠?
어린 아이였을 때 봤던 동화들을 생각했어요. 그리고 그때로 다시 돌아가서 그 동화를 읽을 때의 느낌을 곡으로 표현하면 어떨까 생각

해보았어요. 이 곡은 그렇게 해서 쓰게 되었지요.

리듬이 재밌군요.
3박자예요. 왈츠리듬이지요. 동화를 읽듯이 가볍고 즐거운 마음으로 연주하시면 좋을 것 같아요. 이 곡 역시 'Prelude/April'처럼 사뿐사뿐한 3박자 리듬을 잘 지키면서 연주하면 좋을 듯해요.

'Late Autumn'은 좀 어른스러운 느낌이군요.
가을의 이미지를 생각하면서 만든 곡이에요. 늦가을의 낙엽이 떨어질 때의 느낌이 있잖아요? 그런 낙엽이 깔려있는 늦가을의 이미지를 생각하면서 만들어보았어요. 쓸쓸하고 아련한…, 그런 느낌이지요.

보사노바군요.
보사노바 리듬이 반복돼요. 코드진행도 단순하게 반복되기 때문에 멜로디 라인만 잘 살려서 연주하면 어렵지 않을 거예요.

화성적으로는 어떤가요?
재즈에 가까운 면이 있어요. 보사노바 리듬이지만 플랫나인스와 같은 텐션을 넣었기 때문에 재즈에 가까운 화성이라고 말할 수 있어요.

'Wild and Mild'는 어떤 곡인가요?

곡 자체에 큰 대비는 없어요. 하지만 화성적으로는 신경을 많이 쓴 곡이에요. 코드진행도 그렇고요. 전체적으로는 E키인데 후렴구에서 키가 바뀌어요. 브리지도 클리셰로 진행되고, 메이저에서 마이너로 바뀌어 반음씩 떨어지기도 하고…. 이곡은 어떻게 들으면 굉장히 어려워요. 복잡하게 썼으니 아버지도 듣기 어렵다고 하시더군요. 하지만 좋아하시는 분들은 좋아하세요. 이런 곡은 제가 작곡한 곡 중에는 없거든요. 분위기 자체는 튀지 않지만 화성적인 부분은 그렇지 않아요. 그래서 앨범에 넣게 되었어요.

제목의 의미는?
중간에 키가 바뀌고 분위기를 전환시키는 느낌이 저에게 있어서는 일종의 대비라는 생각이 들어요. 처음에는 밝고 부드럽지만 후렴구에서는 거칠어지지요. 이 느낌을 어떻게 표현할까 고민하다가 떠오른 단어가 'Wild'와 'Mild'예요.

'Summer Break'는 '여름휴가'라는 의미지요?
네. 저는 바다를 좋아해요. 이번 여름휴가도 가족과 태안으로 다녀왔어요.

어떤 이미지로 작곡을 했나요?
창문을 열고 고속도로를 달리는 이미지를 상상했어요. 음악을 들으면서요. 그래서인지 휴가를 떠날 때 듣기 좋은 노래라고 생각해요.

이 곡도 듀엣이지요?
네. 반주파트는 뮤트를 하고 스트로크를 해요. 그런 부분이 중간중간에 섞여 있으니 뮤트를 잘 살려주면 깔끔하게 연주하실 수 있을 거예요.

'Rainy Day'에는 신디사이저가 나오는군요.
이건, 처음 건반으로 만들어본 곡이에요. 앨범으로 내기 전에는 건반으로만 연주한 버전을 YouTube에 올렸어요. 하지만 앨범에서는 기타를 추가해서 완성했어요. 오래 전에 피아노를 배우긴 했지만 잘 못 치거든요. 코드진행이 어렵지 않으니 멜로디를 부각시켜서 연주하면 분위기를 잘 내실 수 있을 거예요.

비오는 날의 이미지로 만든 곡인가요?
네, 개인적으로 비오는 날을 좋아하진 않아요. 하지만 가끔은 창문 밖으로 비오는 날을 보고싶을 때가 있긴 해요. 그런 풍경을 보고싶어서 쓰게 되었어요.

어떤 음원을 사용했나요?
신디사이저의 프리셋을 돌리다보니까 빗방울이 떨어지는 듯한 사운드가 있더군요. 그래서 그걸 선택했어요.

좋은 시도라는 생각이 드는군요.
특이한 사운드라서 기타와 잘 맞을까 걱정을 했는데 녹음을 해보니 마음에 들었어요. 저에게는 첫 번째 시도이기도 하고요. 앞으로도 건반과 어울리는 곡이 나온다면 다시 해보고 싶어요.

소셜 네트워크의 경험자로서 장단점이 있다면?
저는 어렸을 때부터 소셜 네트워크를 사용해서 성공한 케이스잖아요? 그리고 지금도 YouTube 활동을 하고 싶어하는 사람들이 아주 많아요. 하지만, 지금은 연주를 올렸는데도 많은 사람들이 찾아주지 않는 경우가 많지요. 저는 그런 부분이 안타까워요. 연주를 아무리 잘 해도 사람들이 찾아주지 않는 경우가 많아진 것이죠.

원인이 무엇이라고 생각하나요?
요즘은 워낙 많은 사람들이 소셜 네트워크를 사용하고 있잖아요. 그만큼 경쟁도 치열해진 것 같아요. 모두가 주목받을 수 없는 것은 어쩔 수 없는 부분인 것 같아요.

이번 앨범에 대한 주위의 평가는?
듀엣 곡을 많이 넣은 시도에 대해서는 칭찬을 많이들 해주세요. 안 좋은 평이 있다면 곡들의 분위기가 비슷해서 지루함이 느껴질 수 있다는 이야기를 해주신 분도 있었어요. 곡 하나하나로 봤을 때는 다 좋은데 전체적으로는 너무 평탄하다는 의견도 있었고…. 다음 앨범에서는 더욱 색다른 시도를 해야겠다는 생각이 들어요.

앨범 발매 후의 소감은?
벌써 6번째 앨범이네요. 그런 점에서 뿌듯해요. 앨범은 기록으로 남는 것이기 때문에 아쉬운 부분이 있다고 하더라도 내 것 자체로는 의미있는 일이라고 생각해요. 하지만 음악을 본격적으로 배우기 시작하면서부터는 저의 부족한 부분이 많이 보여요. 이 앨범을 다시 들으면서 연주해보면 '이 부분은 이렇게 했으면 좋았을 텐데' 하는 생각도 드니까요. 이렇듯 한 가지씩 느껴가면서 더 좋은 앨범을 만들 수 있다고 생각해요. 발전도 할 수 있고요.

앞으로 나아갈 방향이 있다면?
지금 배우고 있는 재즈와 블루스를 핑거스타일에 어떻게 섞을까를 연구하고 있어요. 대중적인 면을 잃지 않으면서 재즈와 블루스의 세련된 느낌을 주기 위한 편곡도 연구하고 있어요. 앞으로는 더 공부해서 그런 것들을 핑거스타일에 적용해보고 싶어요.

밴드활동에 대해서도 언급을 했는데요.
벌써 10년 동안 핑거스타일을 연주해 왔네요. 하지만 앞으로의 10년은 지금과는 많이 다를 것 같아요. 어떤 때는 밴드활동을 해보는 것도 좋겠다는 생각을 해요. 많이 배우고 나면 일렉 기타도 연주하게 되지 않을까 하는 생각도 들어요.

다음을 기약하며, 팬들에게 한 마디….
이번 앨범에는 혼자 연주할 수 없는 곡들이 많아요. 그러니 주변 분들에게 함께 연주하자고 제안도 해보면서 즐겁게 연주하시기 바랍니다. 저를 지켜봐주신 분들께 감사의 말씀을 드리고, 항상 발전하는 모습 보여드리도록 노력하겠습니다. 계속 지켜봐주세요!

연주법 해설
악보 Scores

연주법 해설

이 책의 악보에서 사용되는 연주법들에 대한 해설이다. 아래의 연주법들은 모두 핑거스타일 기타에서 자주 사용되므로 핑거스타일 기타에 익숙하지 않은 사람이라면 해설을 숙지하고 익힌 후에 연주를 시작하기 바란다.

by 남지호

해머링 온
Hammering on

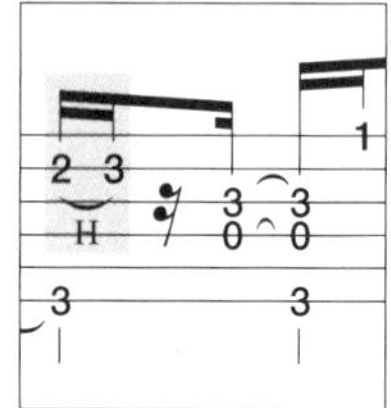

피킹한 후, 왼손 손가락으로 다른 프렛의 음을 때리듯이 눌러서 다음 음정을 연주한다.

왼손 태핑, 오른손 태핑
Left Hand Tapping, Right Hand Tapping

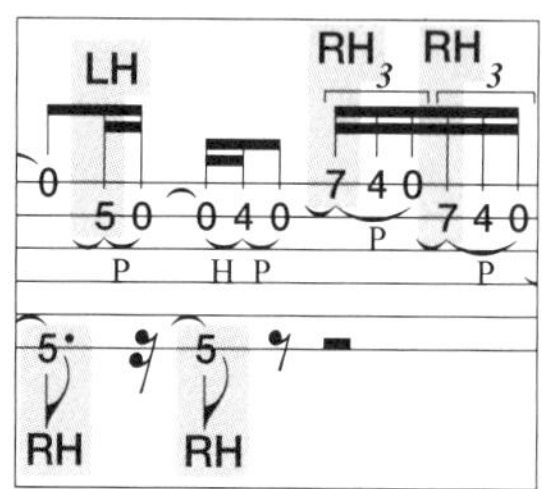

왼손(LH) 또는 오른손(RH)으로 표시된 프렛을 눌러 소리를 내는 연주법. 해머링 온과 비슷하지만, 피킹을 하지 않은 상태에서 프렛을 누른다는 점이 다르다.

풀링 오프
Pulling Off

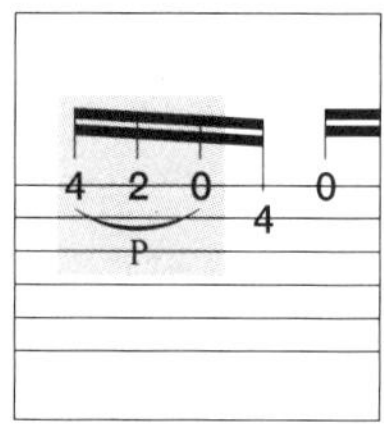

피킹한 후, 줄을 누르고 있던 왼손 손가락으로 줄을 튕기듯이 떼면서 다음 음정을 연주한다.

슬라이드 아웃
Slide Out

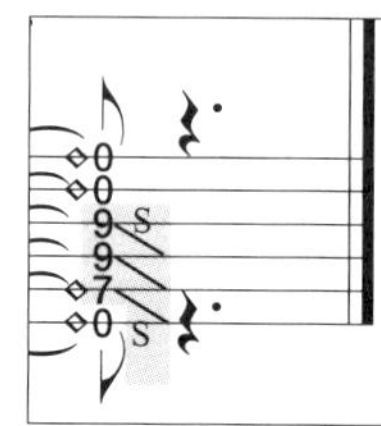

불특정 음을 향한 슬라이드. 사선이 위로 향하고 있다면 높은 음 방향으로, 사선이 아래로 향하고 있다면 낮은 음 방향으로 손가락을 미끄러트린다.

슬라이드1
Slide

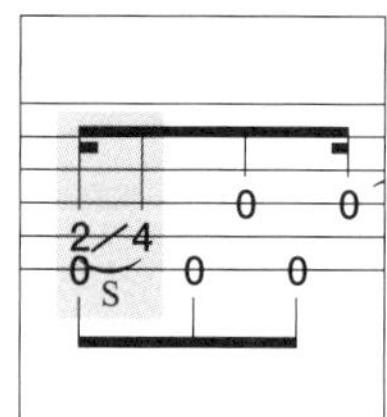

피킹한 후, 줄을 누르고 있던 왼손 손가락을 미끄러트려서 음정을 바꾸는 연주법. 슬러와 함께 표기되어 있는 경우에는 뒤의 음을 피킹하지 않는다.

슬라이드2
Slide

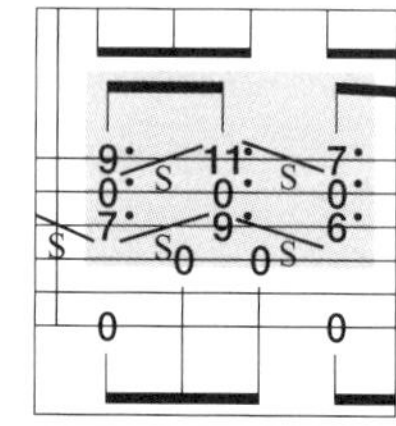

사선만 단독으로 표기되어 있는 슬라이드는 왼손을 이동한 다음, 뒤의 음을 오른손으로 피킹한다.

스트로크
Stroke

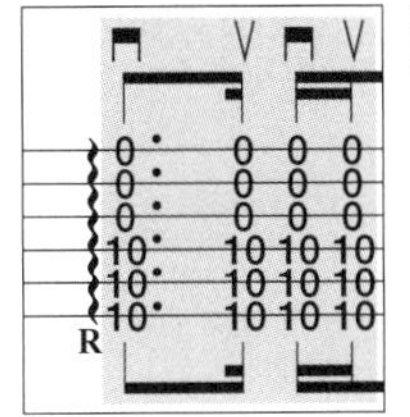

⌐: 다운 스트로크, **V**: 업 스트로크.

라스게아도
Rasguado

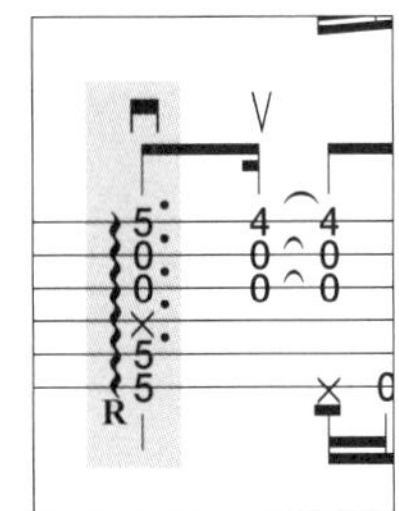

오른손 약손가락부터 집게손가락까지 약간의 시차를 두고 순차적으로 내려치는 플라멩코 연주법의 일종.

스몰 스트로크
Small Stroke

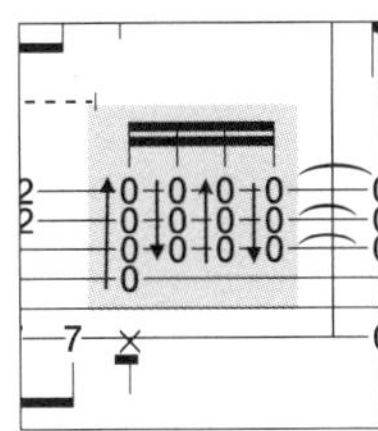

한 손가락으로 두 줄 이상을 한꺼번에 피킹한다. 스트로크와 유사하지만 오른손 전체를 움직이지 않고 손가락의 움직임만으로 처리하는 것이 특징이다.

뮤트1
Mute

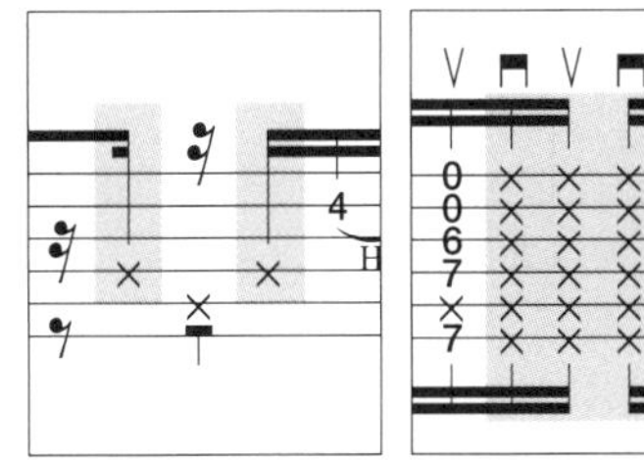

해당 리듬이 하나 이상의 x 로만 표기된 경우, 줄을 뮤트시킨 상태로 피킹해서 음정이 없는 타악기적인 소리를 내는 연주법.

뮤트2
Mute

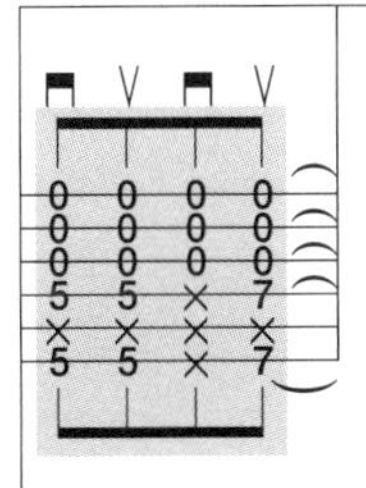

여러 줄을 동시에 울릴 때에 x표시가 있는 줄은 해당줄을 뮤트시키고 연주한다.

퀵 아르페지오1
Quick Arpeggio

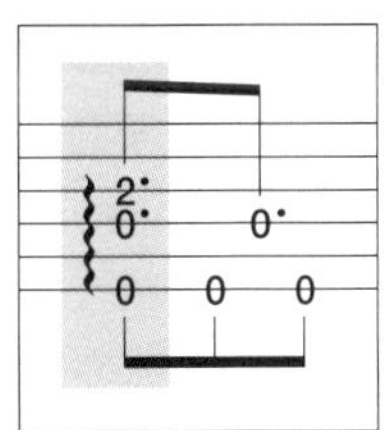

표시된 음들을 미세한 시차를 두고 분산해서 피킹하는 연주법.

퀵 아르페지오2
Quick Arpeggio

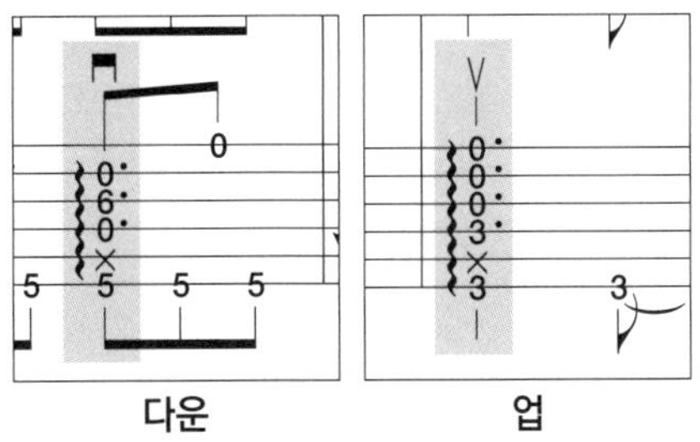

물결표시가 스트로크 표시와 함께 있다면 느린 스트로크로 퀵 아르페지오와 동일한 효과를 낸다.

퀵 아르페지오3
Quick Arpeggio

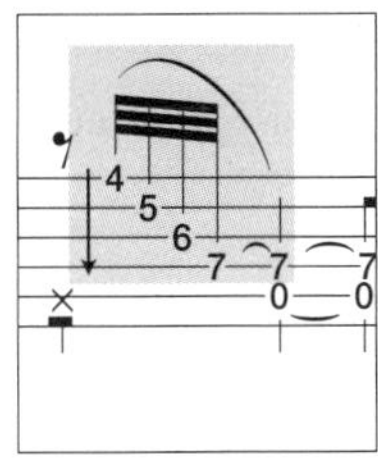

분산된 음 중에서 시작음과 끝음의 리듬위치를 정확히 표기할 필요가 있는 퀵 아르페지오의 경우 그림과 같이 정확한 리듬을 표기한다.(첨부된 기호에 따라 핑거링, 스트로크 또는 스몰스트로크 등의 주법으로 처리한다).

퍼커시브 뮤트
Percussive Mute

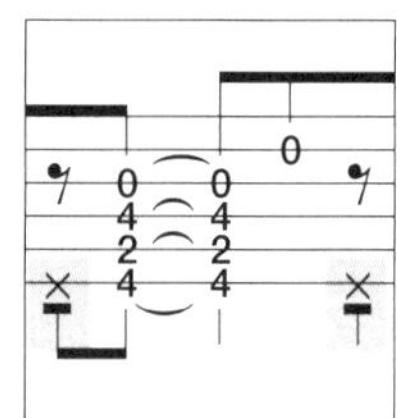

오른손 엄지손가락으로 X표시된 줄을 세게 때리듯이 눌러서, 줄과 프렛이 부딪히는 소리로 타악기 같은 효과를 낸다.

네일 어택
Nail Attack

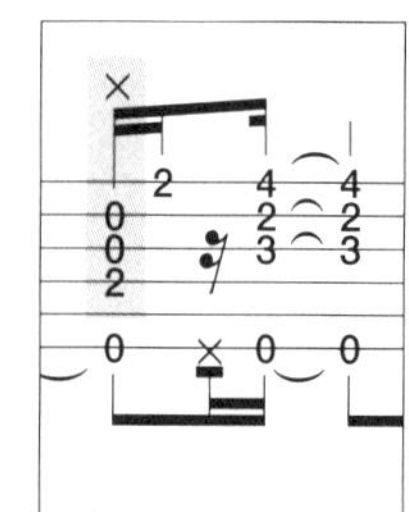

오른손 손가락의 손톱으로 줄을 때려서 타악기적인 소리를 낸다.

오른손 뮤트
Right-Hand Mute

오른손으로 줄의 울림을 멈추는 동시에 퍼커시브 뮤트의 느낌을 여리게 표현한다.

팜
Palm

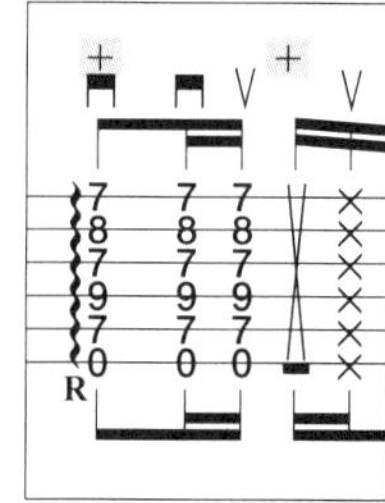

오른손 바닥 아래부분으로 기타 상판을 때려서 베이스드럼과 같은 타악기 소리를 낸다.

퍼커시브 뮤트+스트로크
Percussive Mute+Stroke

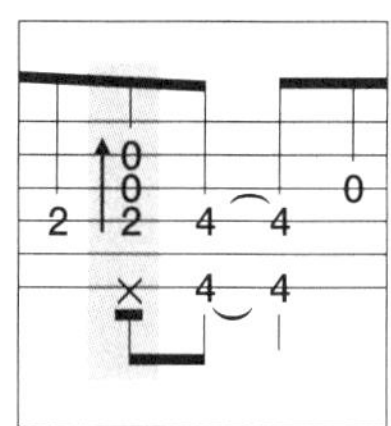

엄지손가락 퍼커시브 뮤트와 다운 스트로크를 동시에 하는 연주법. 엄지로 퍼커시브 뮤트를 하고, 집게 또는 가운뎃손가락을 펼치면서 다운 스트로크를 한다.

팜 뮤트
Palm Mute

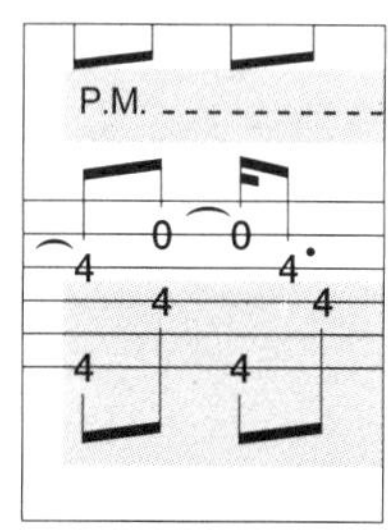

브릿지 근처에서 오른손 손날부분을 6~4번 줄 위에 얹은 채로 피킹하여 뭉툭한 소리를 낸다.

내추럴 하모닉스
Natural Harmonics

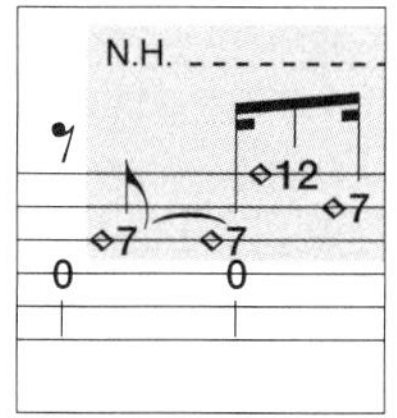

왼손 손가락을 하모닉스 포인트에 가볍게 대고, 피킹과 동시에 왼손 손가락을 줄에서 떼면서 맑은 배음을 내는 연주법.

인공 하모닉스
Artificial Harmonics

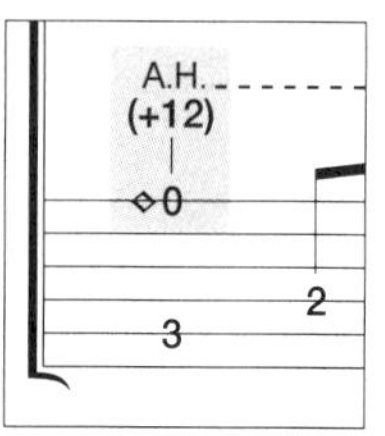

왼손으로 프렛을 누르고, 누른 프렛보다 12프렛 위의 포인트에 오른손 손가락을 대고 피킹하는 하모닉스. 악보상의 오른손 하모닉스 포인트는 +12로 표기하였다.

Ex. 왼손 1프렛의 오른손 인공 하모닉스 포인트는 13프렛.

태핑 하모닉스
Tapping Harmonics

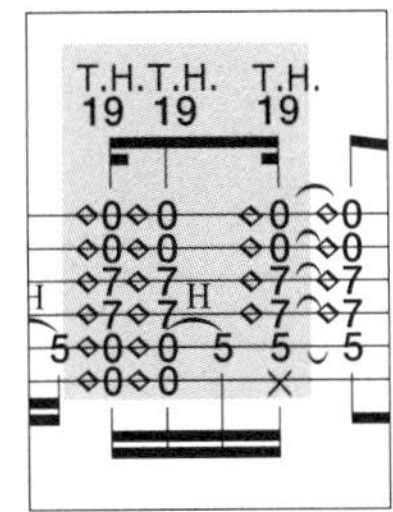

기타줄의 내추럴 하모닉스 포인트를 오른손 손가락으로 세게 때려서 하모닉스 음을 얻는 연주법. 퍼커시브 뮤트와는 다르게 줄을 때린 즉시 줄에서 손가락을 떼야 제대로 된 소리를 낼 수 있다. 하모닉스 포인트가 되는 프렛 위치를 숫자로 표시하며, 주로 12프렛과 19프렛을 사용한다.

비브라토
Vibrato

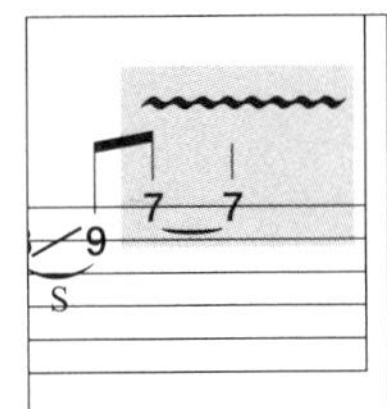

줄을 누른 상태에서 손가락을 좌우 또는 상하로 움직여 음정이 떨리게 하는 연주법.

슬랩
Slap

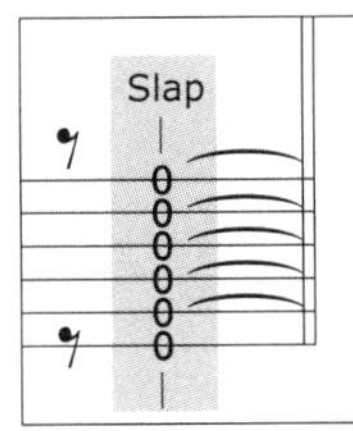

태핑 하모닉스처럼 기타줄을 오른손 손가락으로 세게 때려서 소리를 내는 연주법. 하모닉스와는 달리, 하모닉스 음이 발생하지 않도록 하모닉스 포인트를 피해야 한다.

벤딩(초킹)
Bending

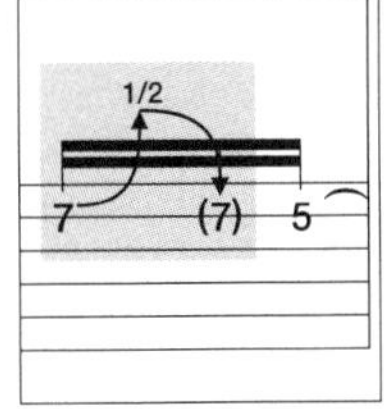

피킹한 다음, 왼손으로 줄을 밀어올리거나 끌어당겨서 음정을 변화시키는 연주법. 1/4음 또는 1/2음 등 표시된 숫자만큼 음정을 변화시킨다.

반복 기호

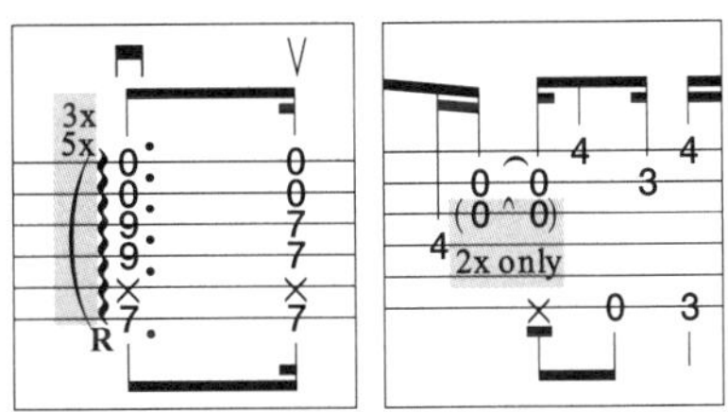

괄호와 함께 □x로 표시된 것은 □번째 반복할 때는 괄호 안의 내용으로 연주하라는 지시. □x Only로 표시된 것은 □번째 반복 할 때에만 괄호안의 음표를 연주하라는 의미다.

단, 도돌이표에 표시된 □x는 □번 만큼 반복하라는 의미이므로 주의할 것.

Prelude / April

작곡 정성하
ⓒ Sungha Jung Music

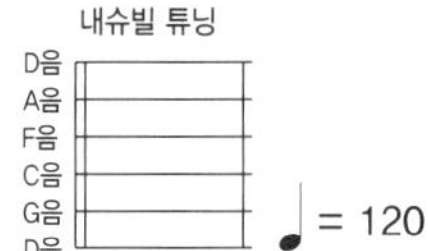

성하의 한 마디

이 곡은…

얼어붙었던 눈을 녹이는 따뜻한 4월의 봄을 표현한 곡이예요. 전체적으로 조용하지만 상큼함이 있어요. 'Prelude'라는 제목에 어울리는 가벼운 느낌이라고 할까….

연주포인트

12현 기타의 높은 쪽 줄을 일반 기타에 매고 연주를 했어요. 음이 다른 기타에 비해서 높기 때문에 사운드가 가볍고 발랄해요. 강하게 치지 말고 소프트하게 연주하면 듣기 좋을 것 같아요.

내슈빌 튜닝(Nashvillie Tuning)

12현 기타의 복현 중 얇은현만을 사용하여 6현을 구성한 튜닝법으로서 6~3번 줄이 스탠더드 튜닝에 비해 한 옥타브 높습니다.

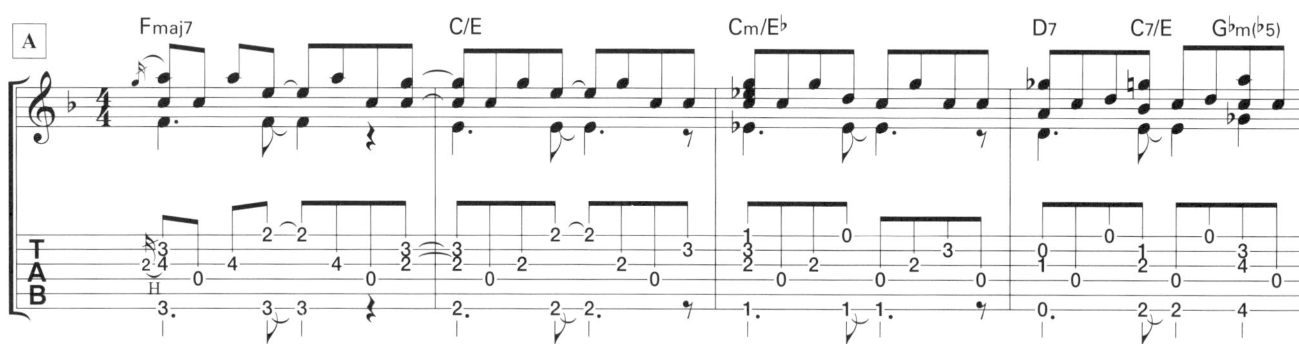

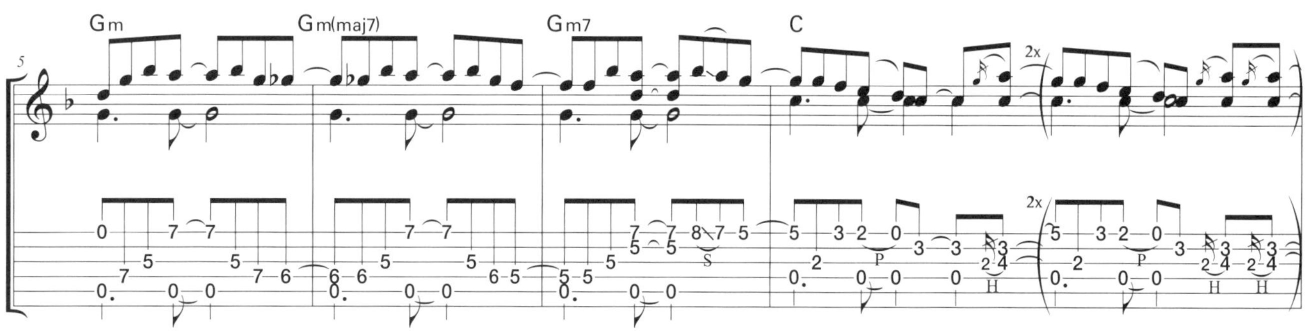

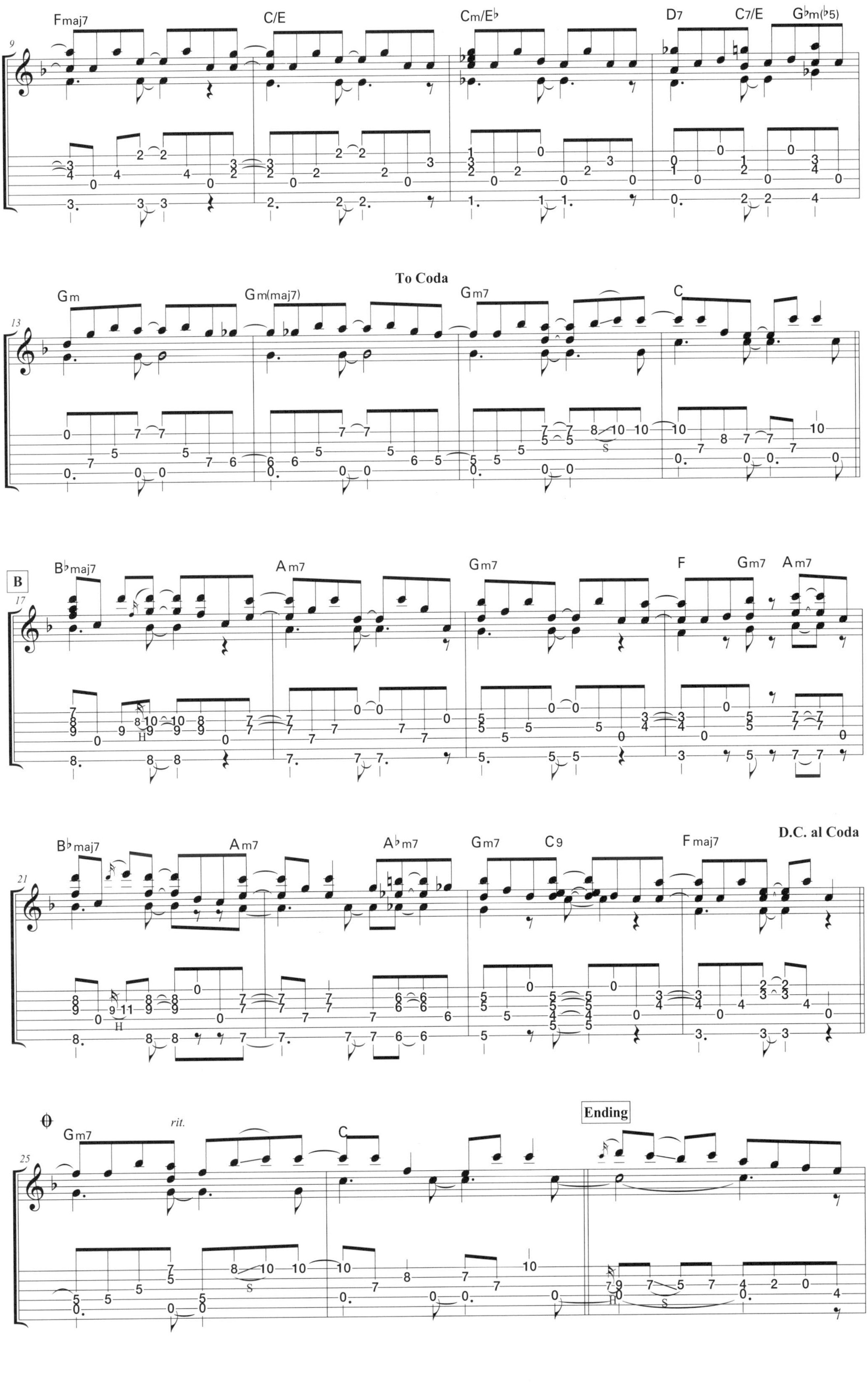
Fmaj7
C/E
Cm/E♭
D7
C7/E
G♭m(♭5)
Gm
Gm(maj7)
To Coda
Gm7
C
B
B♭maj7
Am7
Gm7
F
Gm7
Am7
B♭maj7
Am7
A♭m7
Gm7
C9
Fmaj7
D.C. al Coda
Gm7
rit.
C
Ending

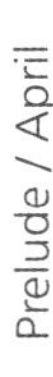

F maj7
28

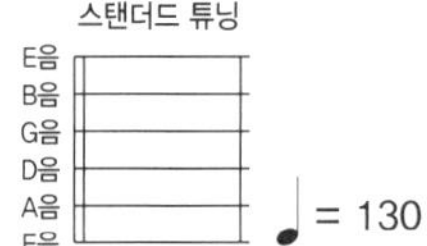

Riding a Bicycle

작곡 정성하
© Sungha Jung Music

성하의 한 마디

이 곡은…

꽃잎 날리는 봄 날, 친구들 또는 연인과 공원에서 자전거를 타며 즐기는 한가한 일요일 오후를 연상하면서 만든 곡입니다. 편안함과 자유로운 기분을 느끼면서….

연주포인트

해머링과 풀링은 포인트를 잘 살려주면 좋아요. 음이 갑자기 낮아지는 구간에서는 다이내믹을 잘 표현해주고, 리듬을 끊어주는 부분은 퍼커시브를 하면서 줄 전체를 뮤트시키면 됩니다.

스탠더드 튜닝

♩ = 130

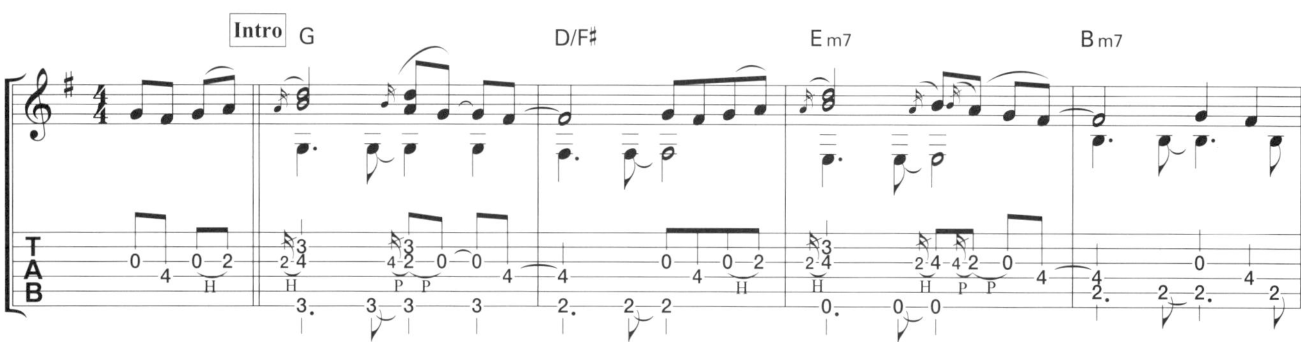

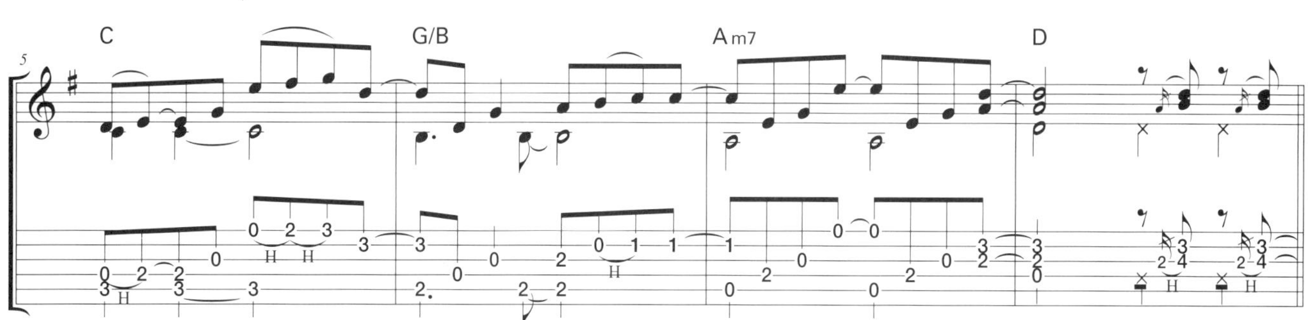

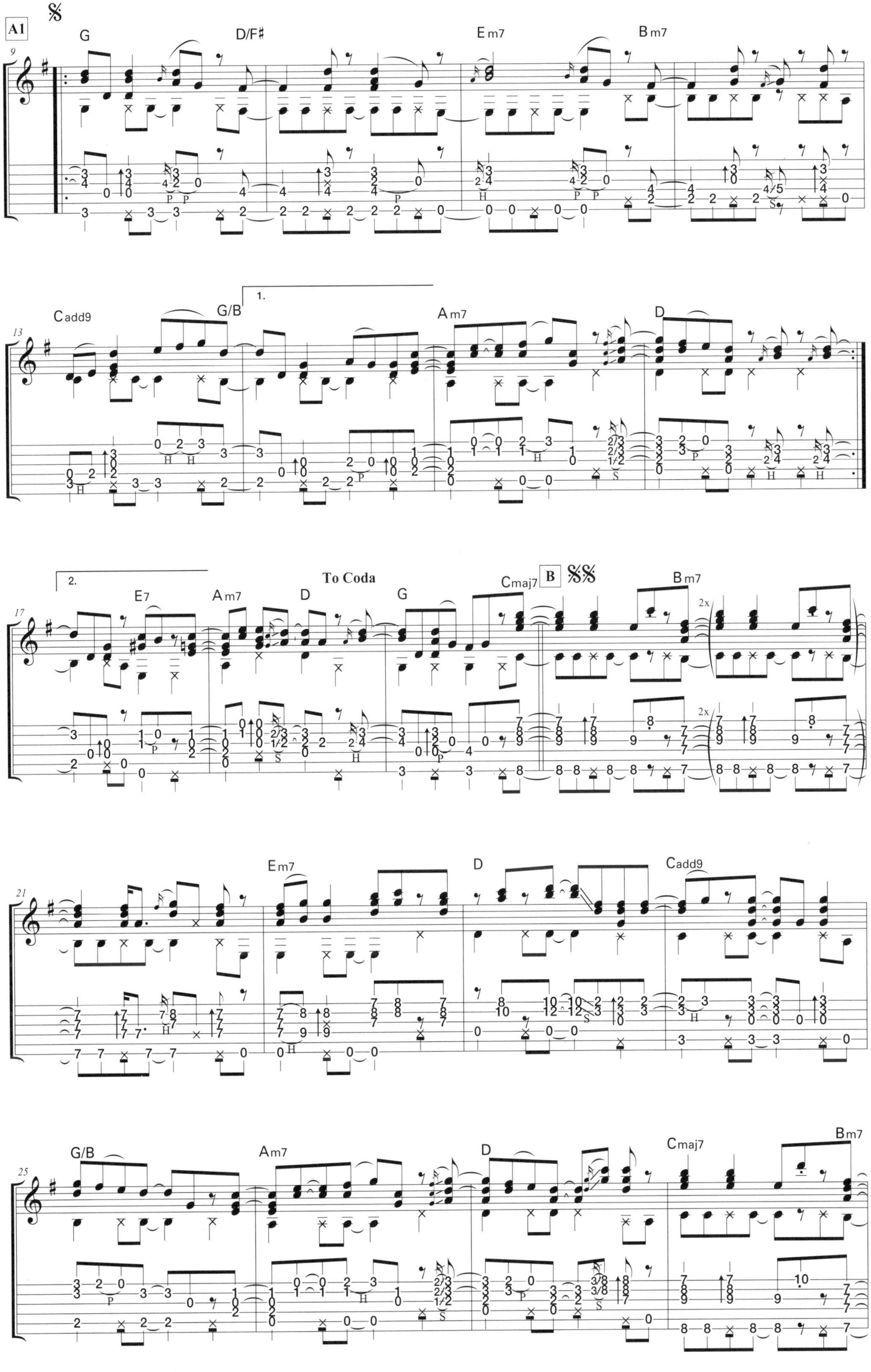

Riding a Bicycle

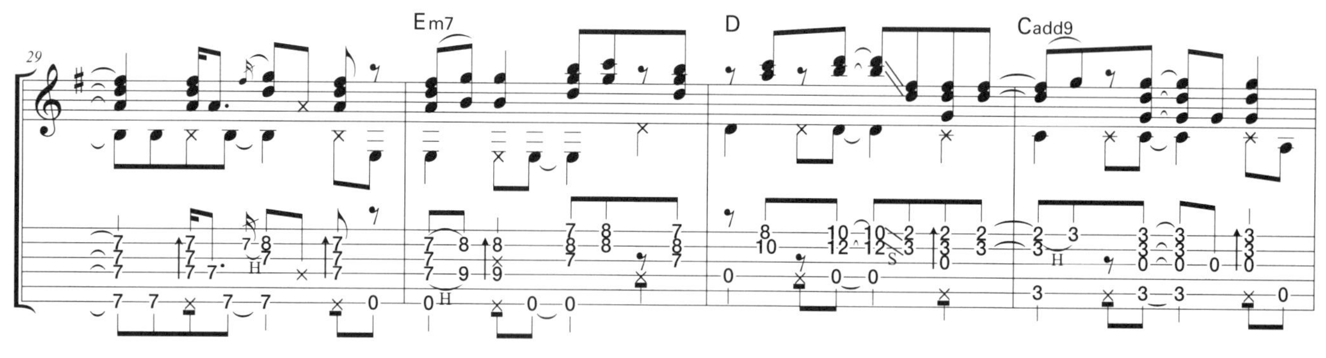

Em7
D
Cadd9
29

To Double Coda
D.S. al Coda
G/B
Am7
D
33

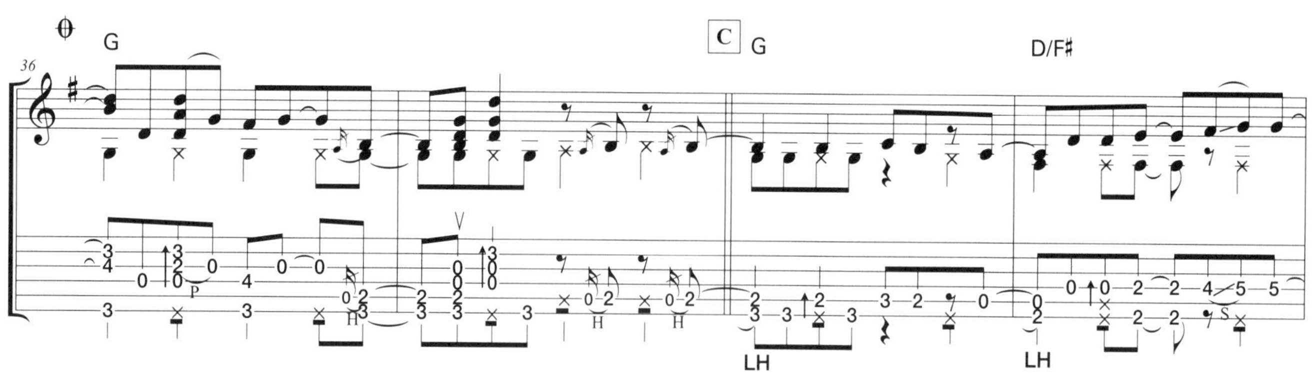

G
C
G
D/F#
36
LH
LH

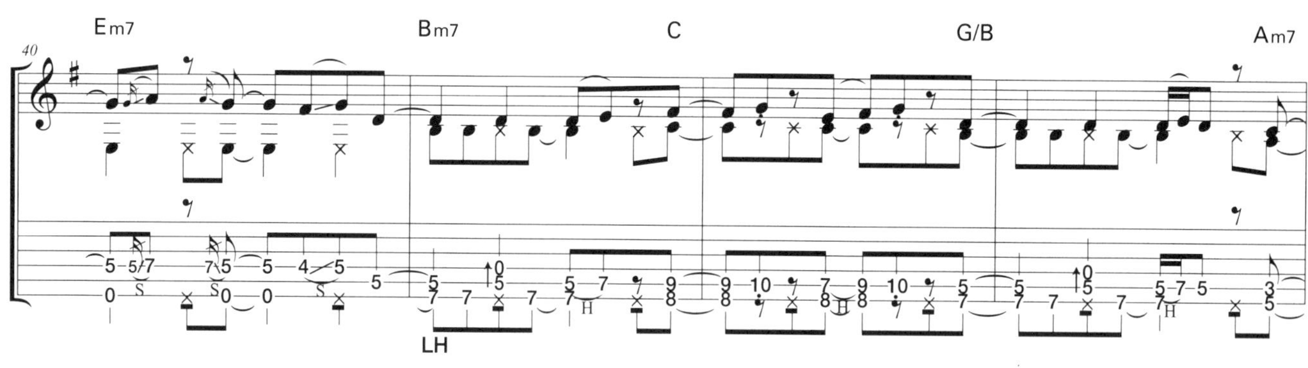

Em7
Bm7
C
G/B
Am7
40
LH

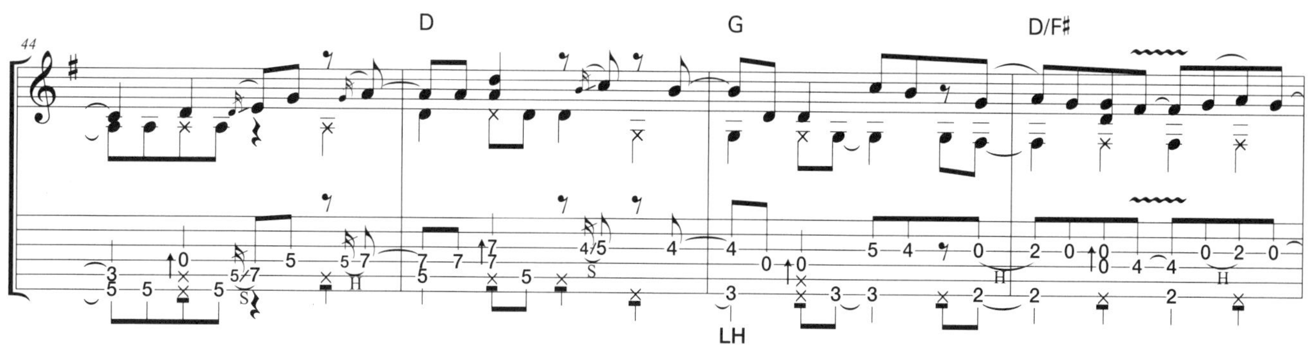

D
G
D/F#
44
LH

Em7
Bm7
C
G/B
Am7
D.S.S. al Double Coda
D
Am7
D
Cmaj7/D
D7
A2
G
D/F#
Em7
Bm7
Cadd9
G/B
Am7
D
G
D/F#

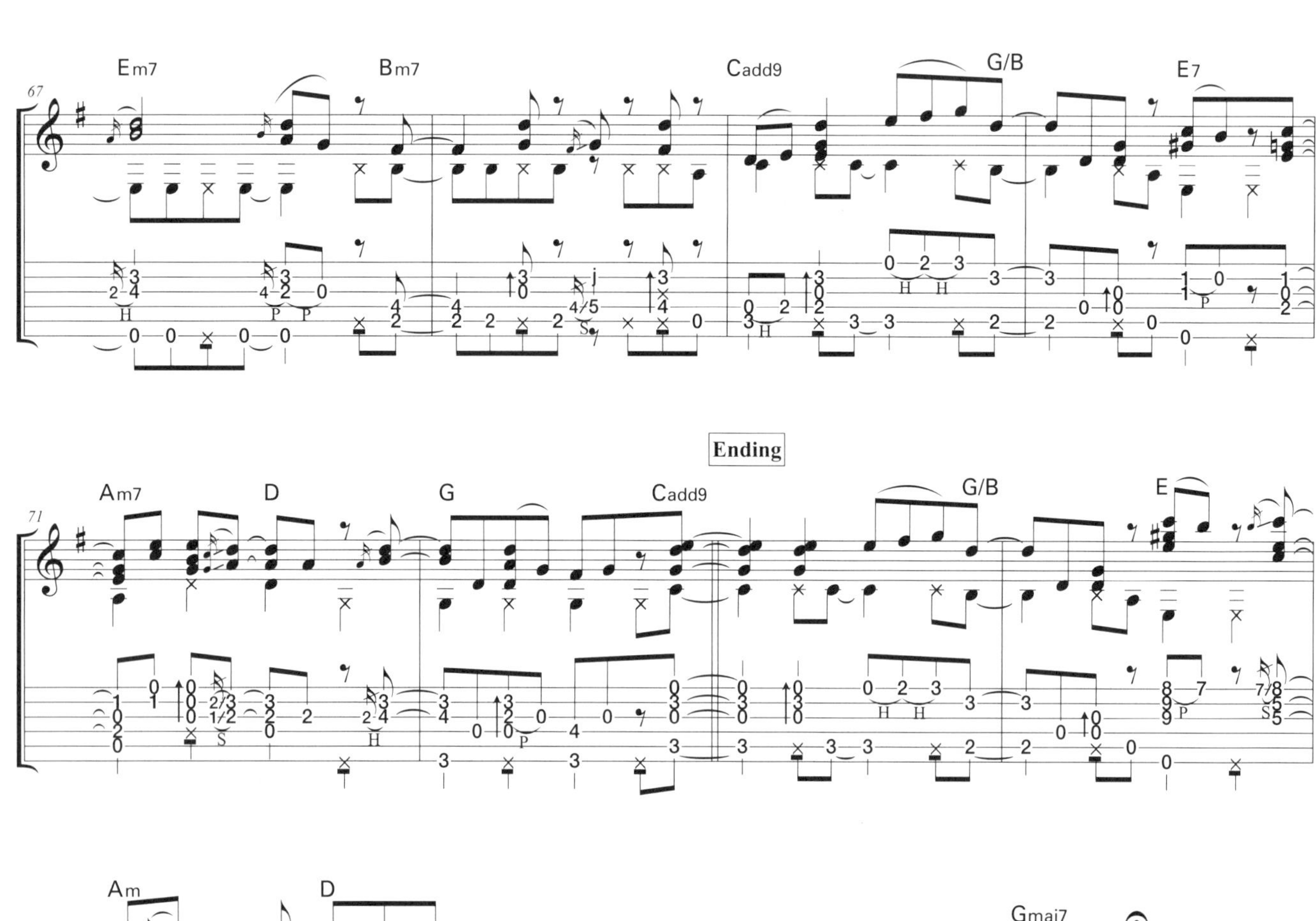
Em7
Bm7
Cadd9
G/B
E7
Ending
Am7
D
G
Cadd9
G/B
E

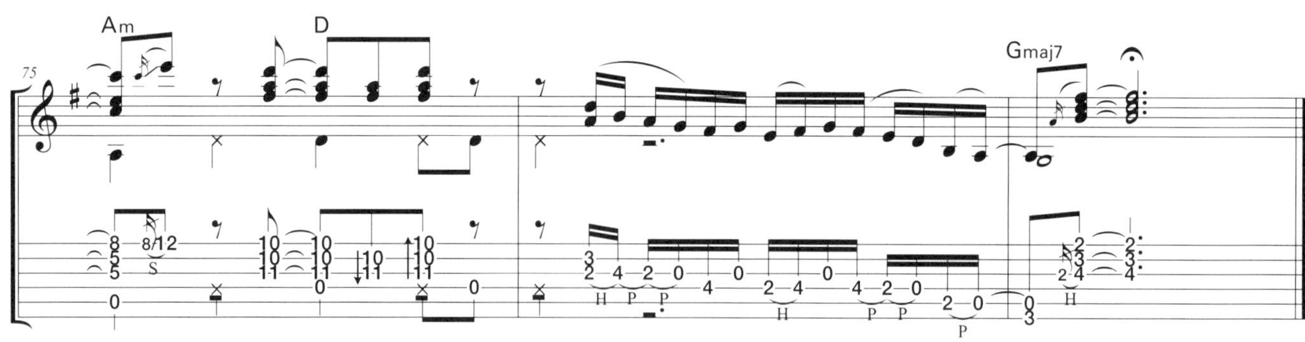
Am
D
Gmaj7

Backpacking

작곡 정성하
© Sungha Jung Music

이 곡은…

가끔 어디론가 무작정 떠나고 싶을 때, 배낭을 매고 어디든 가보세요. 혹시 모르잖아요. 생각하지도 못한 즐거운 일들이 기다리고 있을지…. 이 곡은 그런 저의 기분을 표현해보았습니다.

연주포인트

난이도가 그렇게 높지는 않아요. 운지도 어렵지 않고요. 쓰리핑거 주법으로 연주하는데, 이건 포크에서도 많이 쓰이잖아요? 이 주법만 잘 된다면 왼손 운지는 그다지 어렵지 않을 거예요.

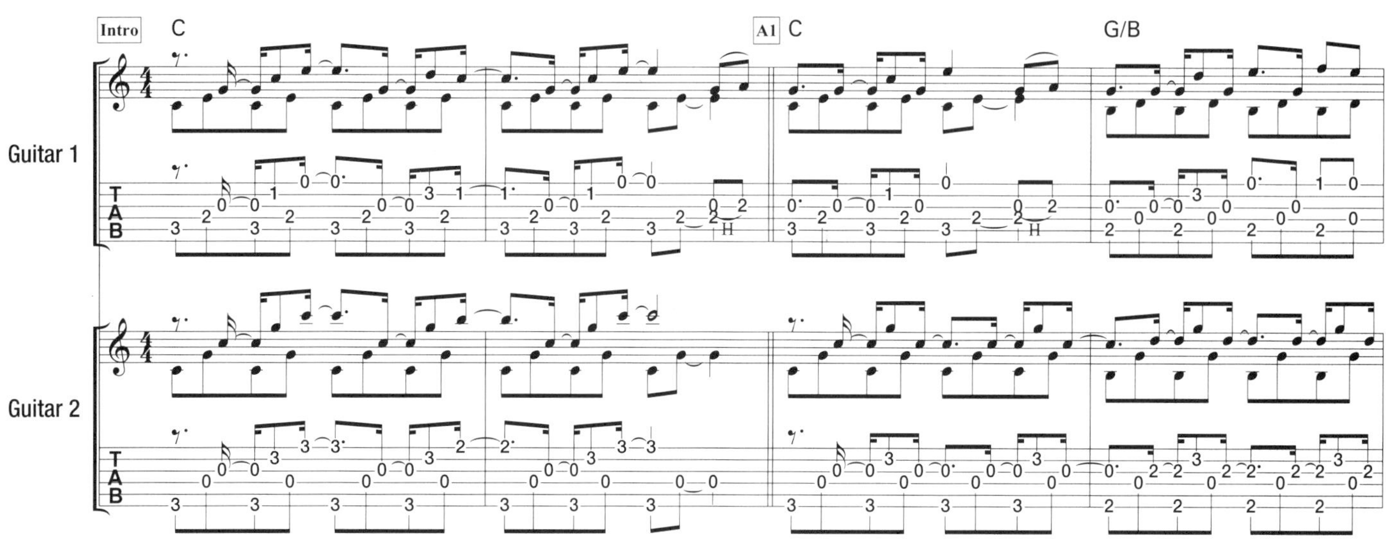

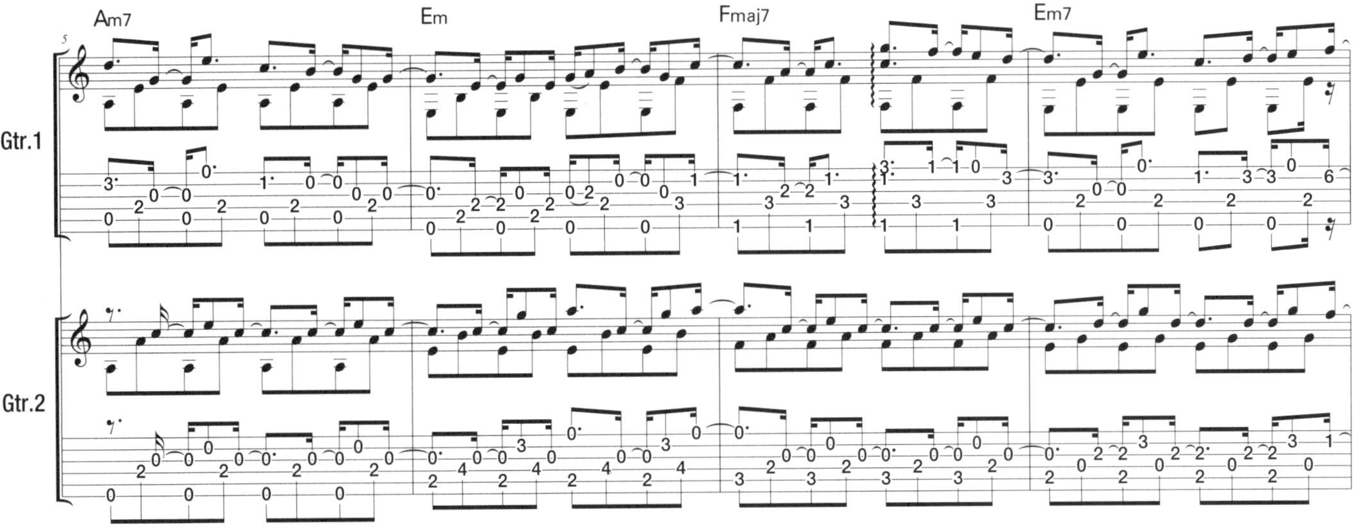

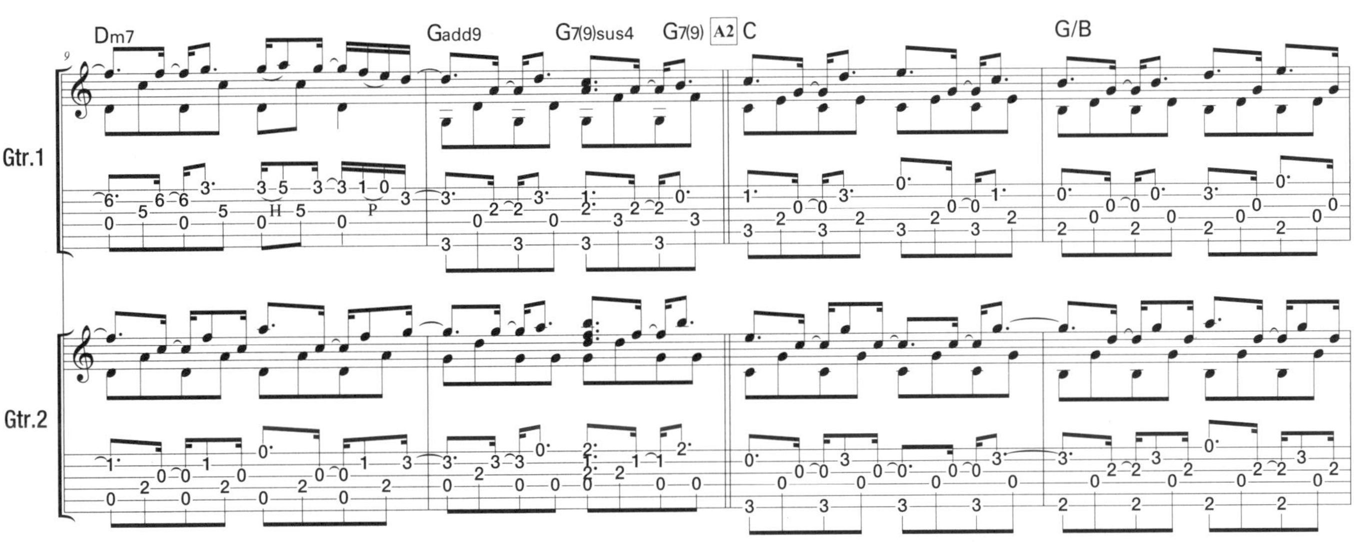

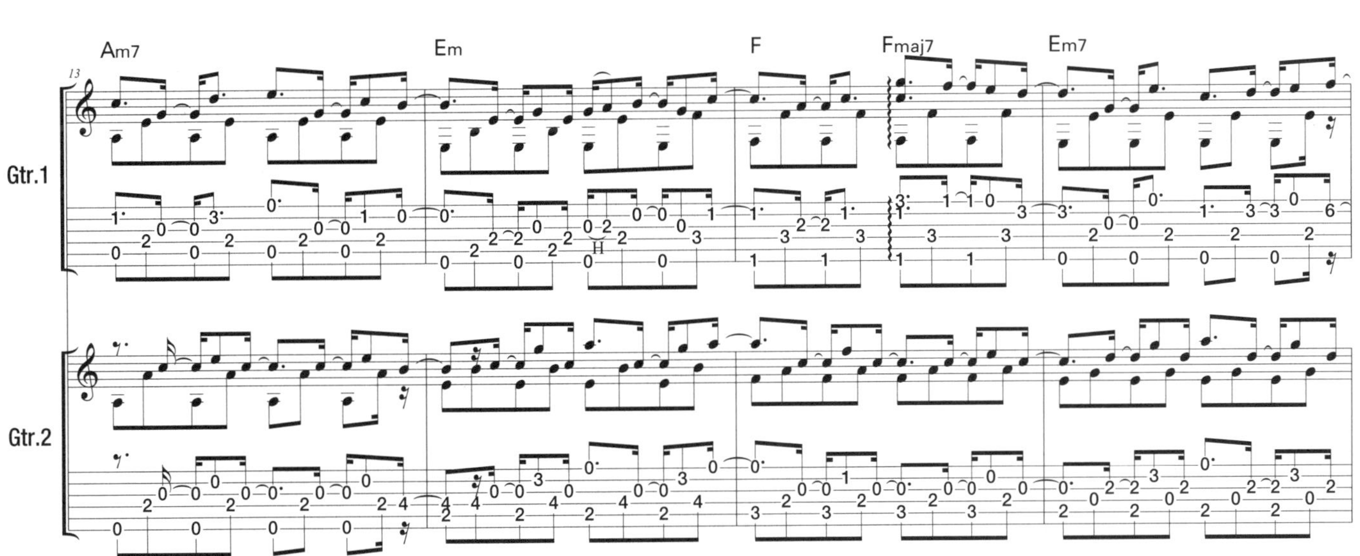

Backpacking

Gtr.1
Gtr.2
Dm7
Gadd9
G7(9)sus4 G7(9)
A3
C
G/B
2x only

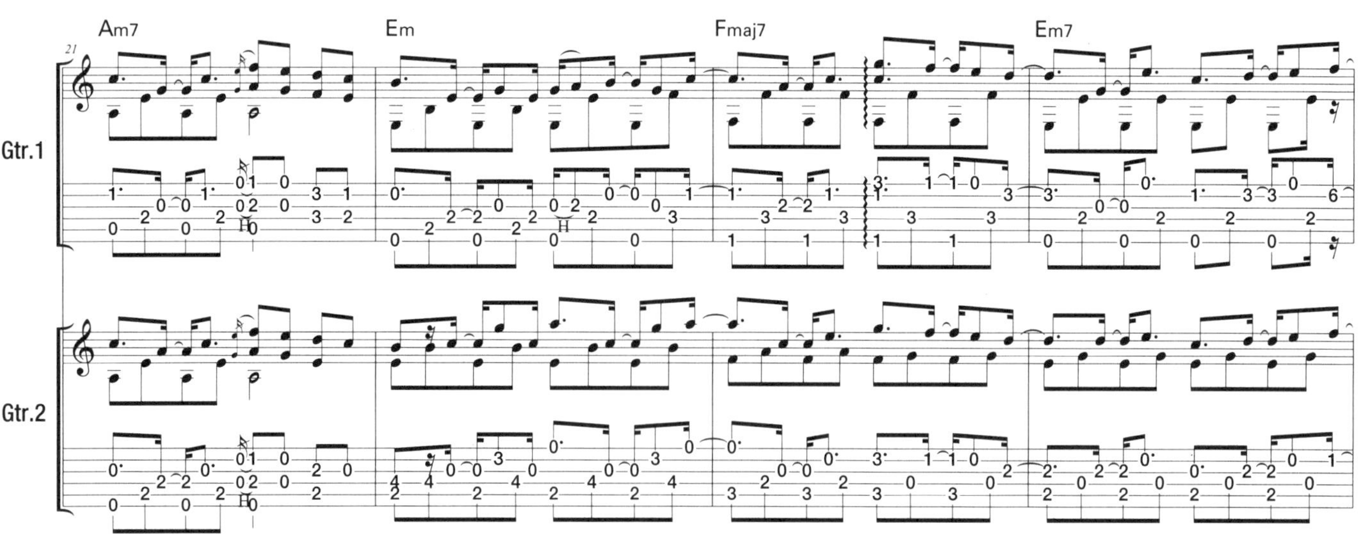
Gtr.1
Gtr.2
Am7
Em
Fmaj7
Em7

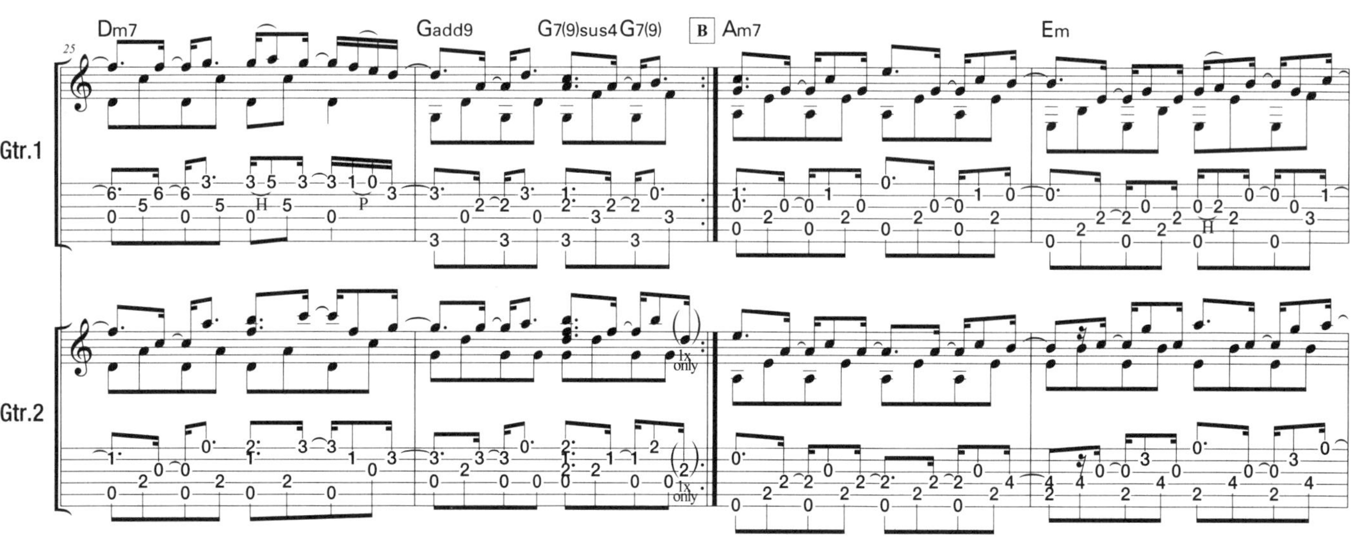
Gtr.1
Gtr.2
Dm7
Gadd9
G7(9)sus4 G7(9)
B
Am7
Em
1x only

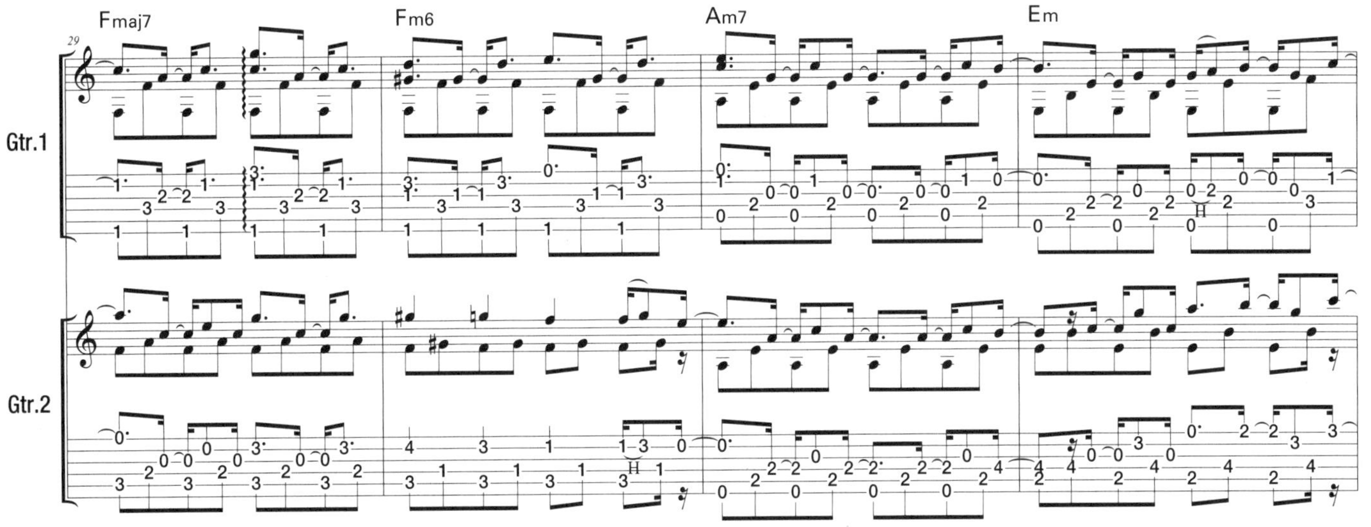

Fmaj7
Fm6
Am7
Em
Gtr.1
Gtr.2

Fadd9
Gadd9
C
C
Gtr.1
Gtr.2
Solo

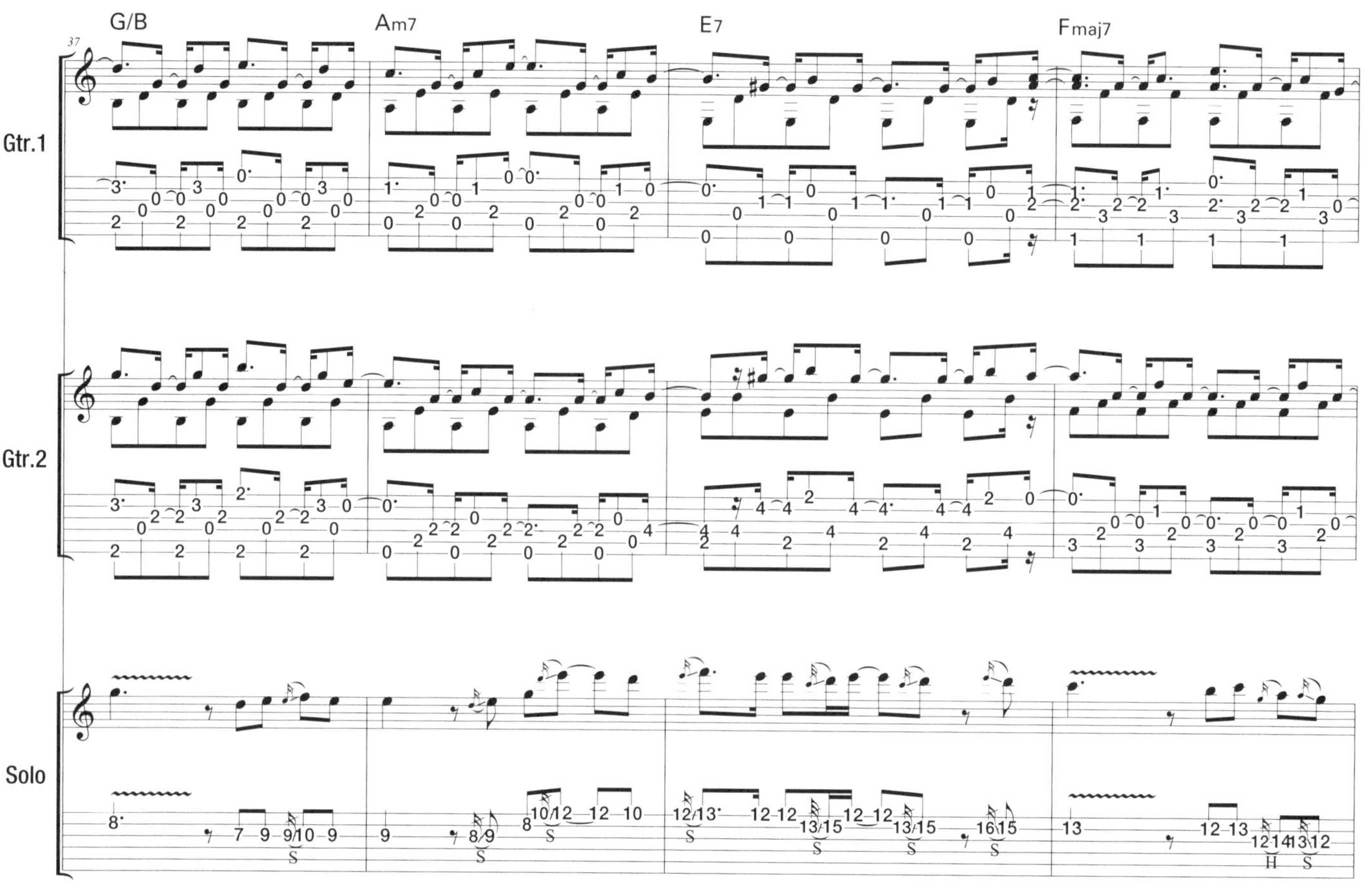
G/B
Am7
E7
Fmaj7
Gtr.1
Gtr.2
Solo
37

Em7(♯5)
Dm7
G7(9)sus4
G7
A4
C
Gtr.1
Gtr.2
Solo
41

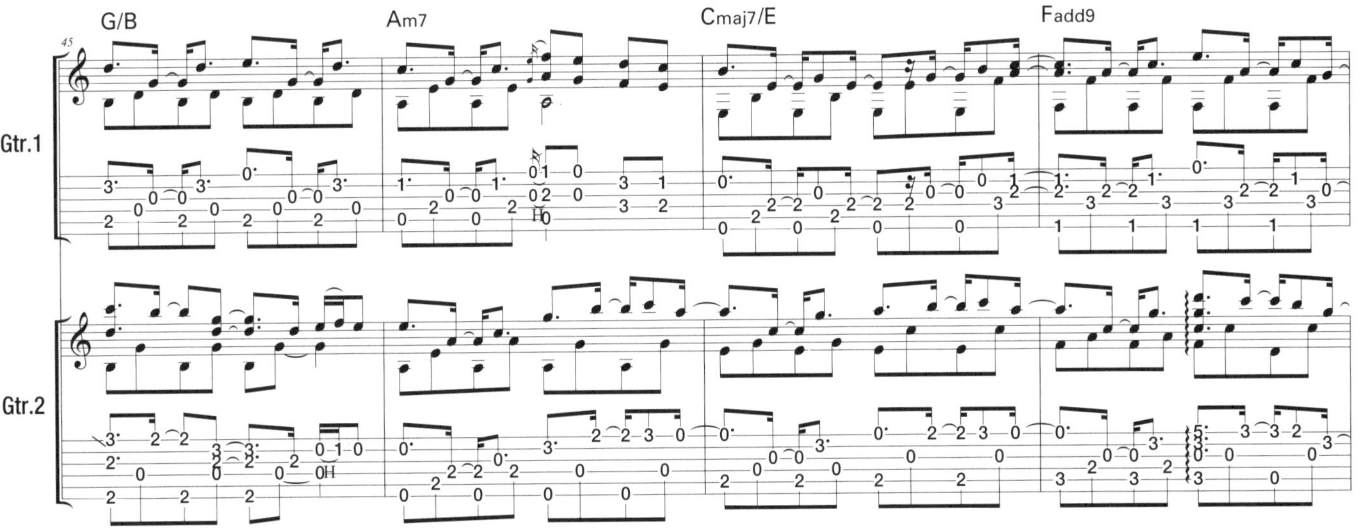

G/B
Am7
Cmaj7/E
Fadd9
Gtr.1
Gtr.2

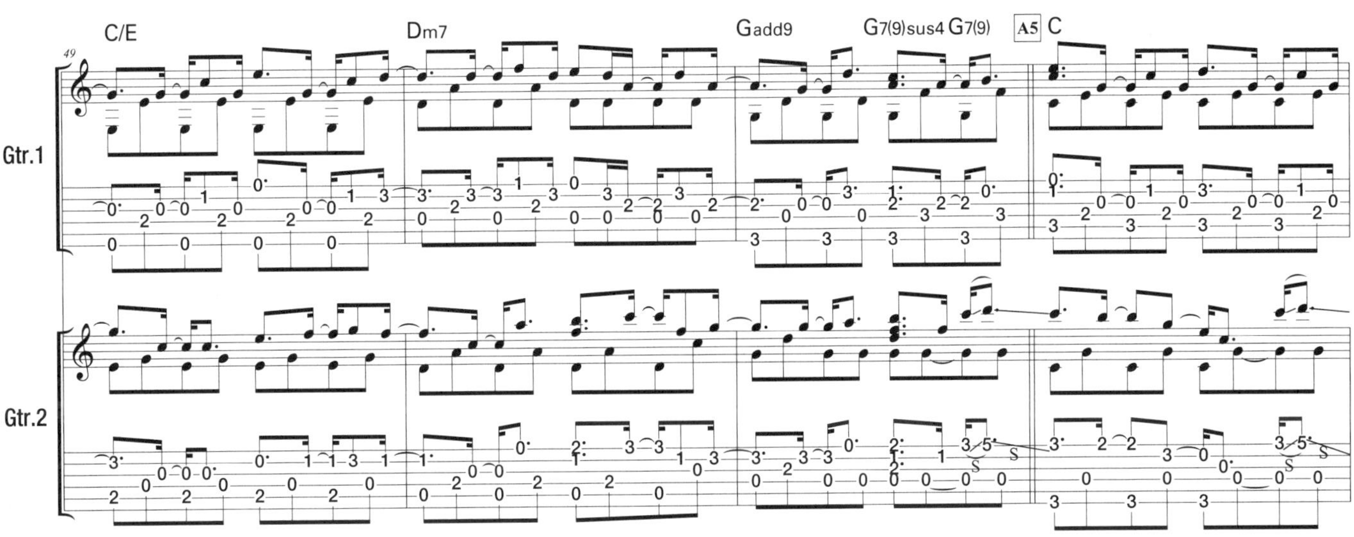

C/E
Dm7
Gadd9
G7(9)sus4 G7(9)
A5
C
Gtr.1
Gtr.2

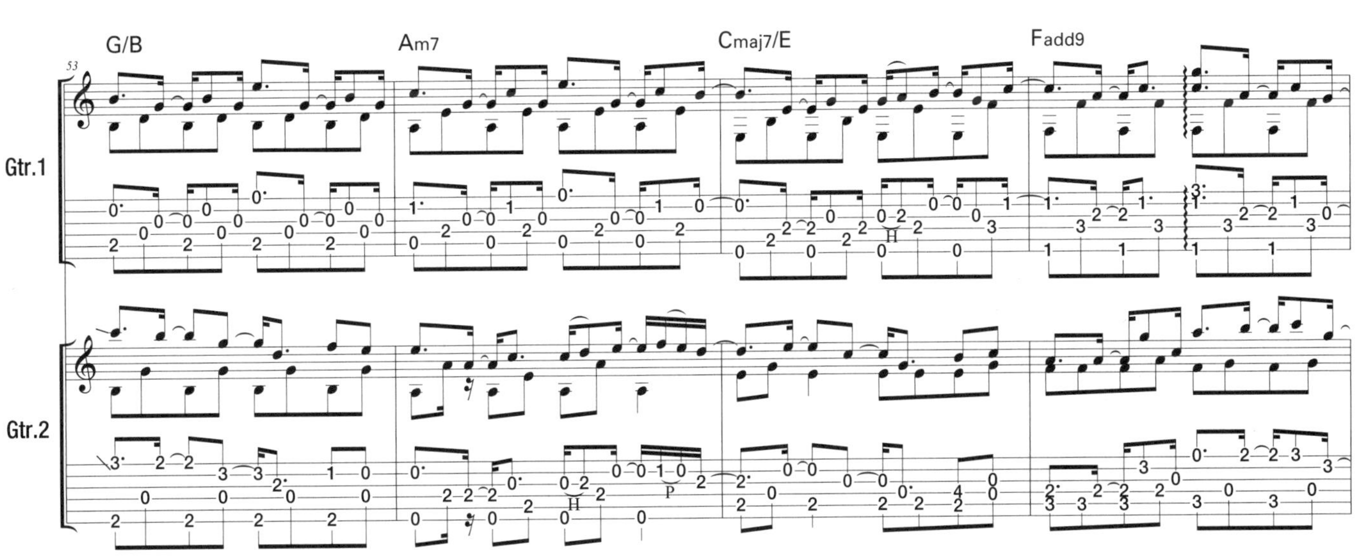

G/B
Am7
Cmaj7/E
Fadd9
Gtr.1
Gtr.2

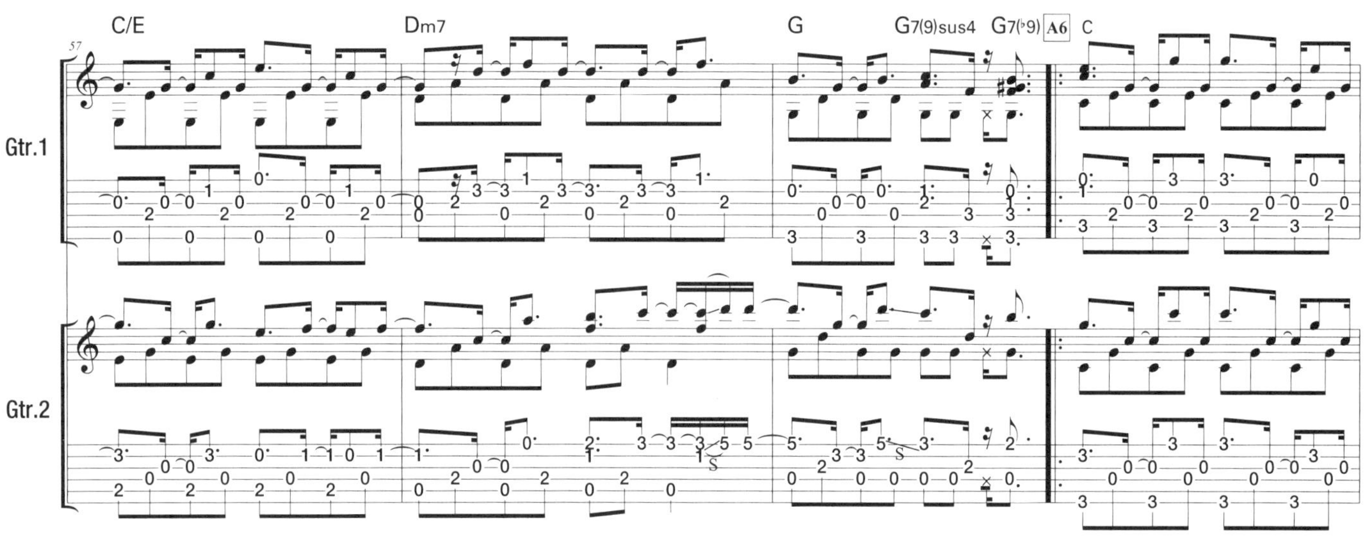

C/E
Dm7
G   G7(9)sus4 G7(♭9) A6 C
Gtr.1
Gtr.2

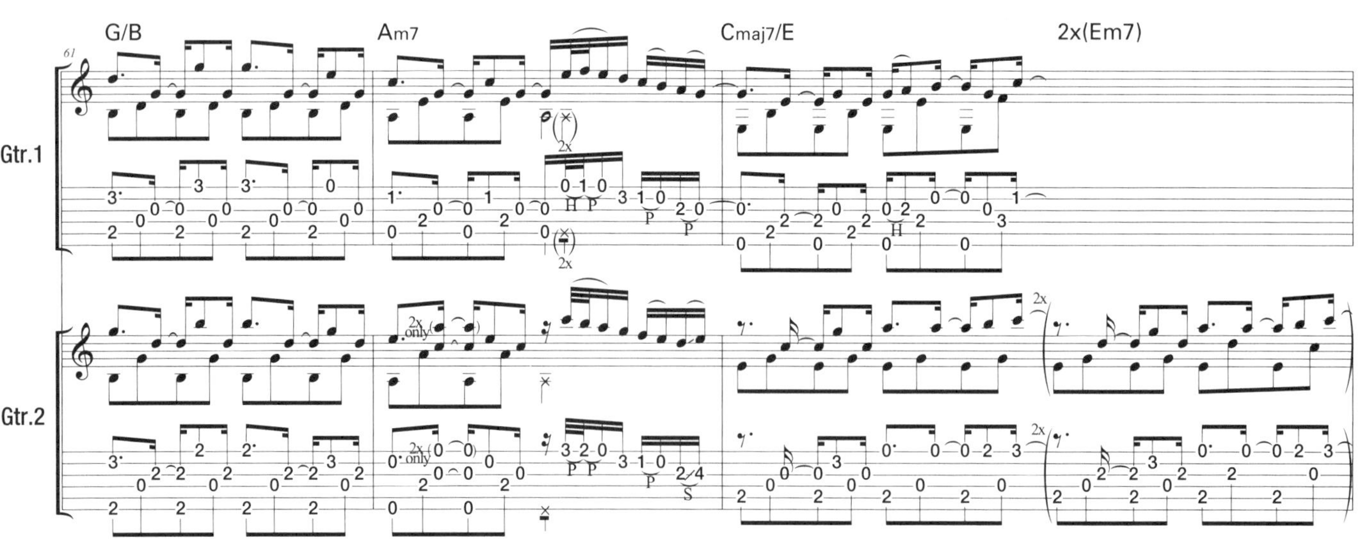

G/B
Am7
Cmaj7/E
2x(Em7)
Gtr.1
Gtr.2

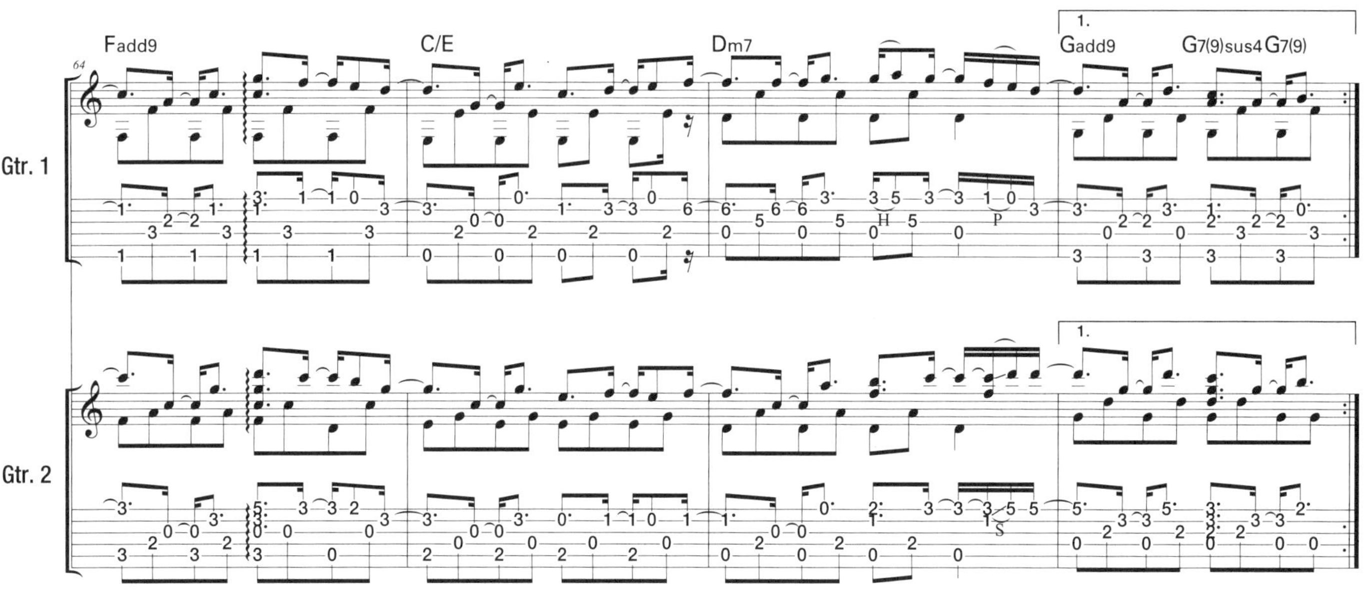

Fadd9
C/E
Dm7
1.
Gadd9   G7(9)sus4 G7(9)
Gtr.1
Gtr.2

2.
Gadd9
G7(9)sus4
G7(9)
D
C
G/B
Am7
E7
Fmaj7
Gtr. 1
Gtr. 2
Solo

G
C
G/B
Am7
E7
Fmaj7
Gtr. 1
Gtr. 2
Solo

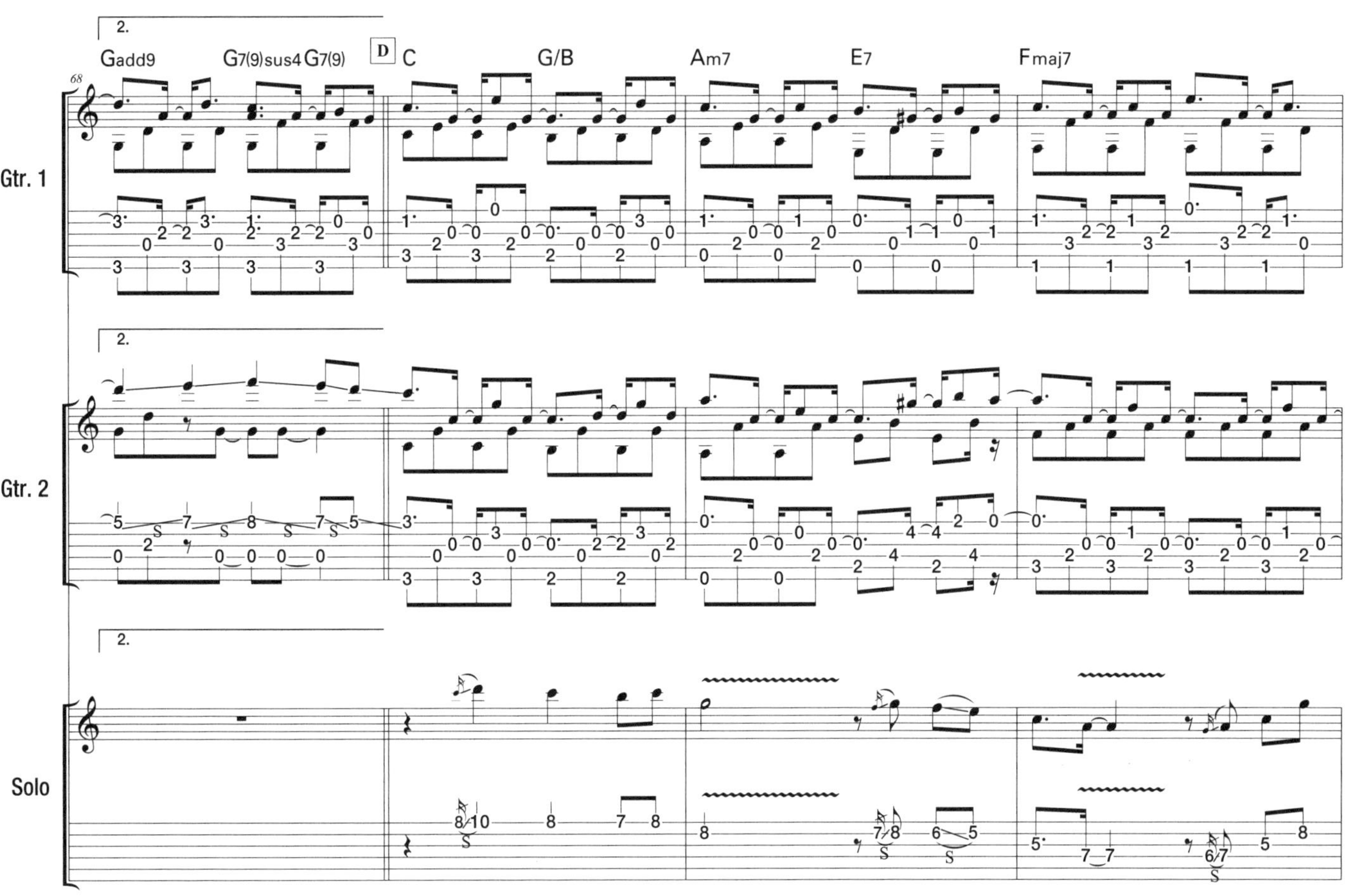

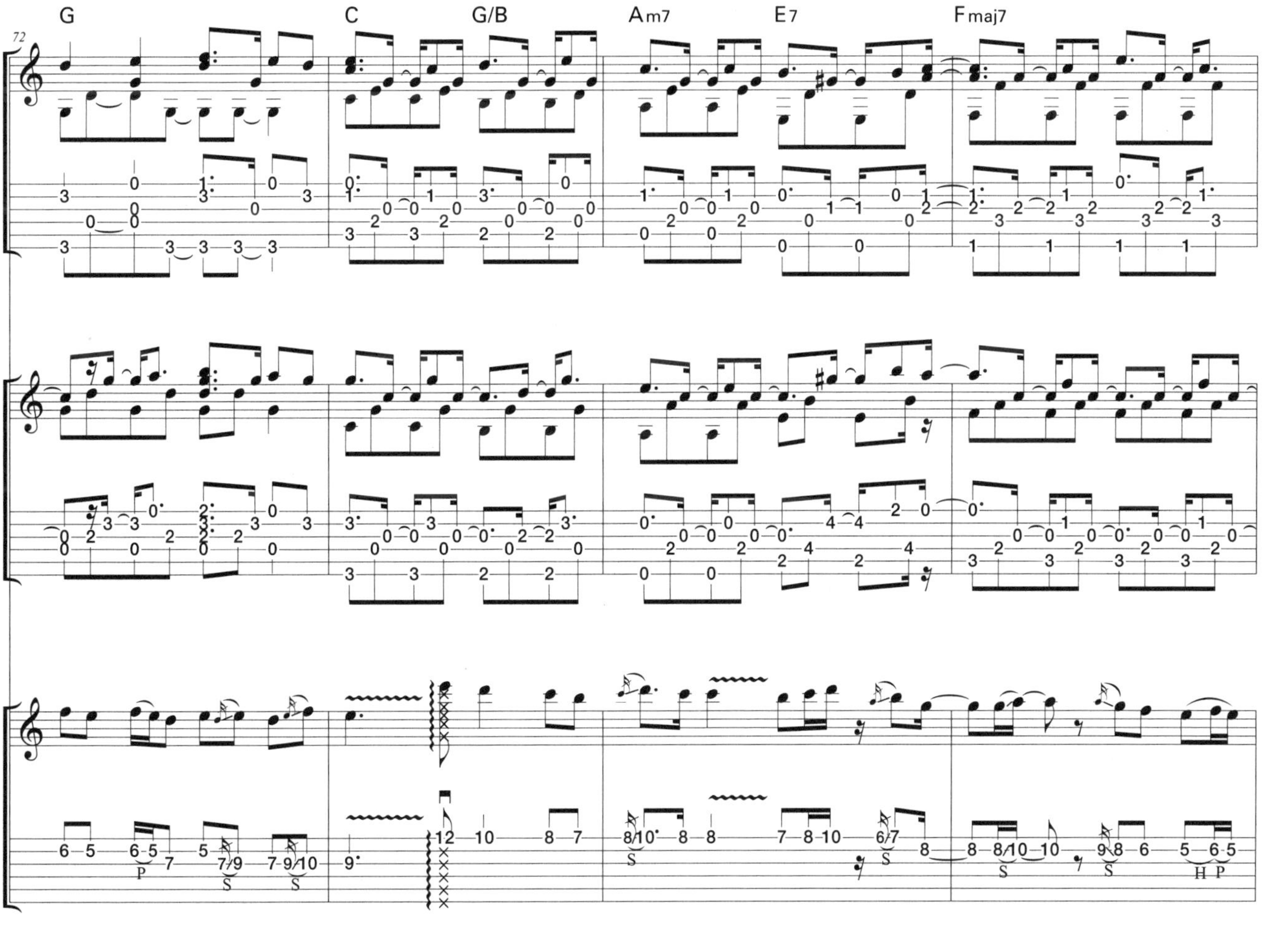

Fm6
Cmaj7
rit.
Cmaj9
Gtr. 1
Gtr. 2
Solo
36

Waiting

작곡 정성하
ⓒ Sungha Jung Music

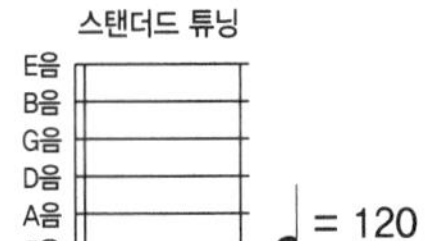

이 곡은…

좋아하는 이성과 연락을 주고받을 때, 답장이 오길 기다리는 시간. 또는 데이트 약속을 기다릴 때의 초조함과 설레이는 마음. 그런 기분,
누구나 느껴본 적이 있지 않을까요?

연주포인트

전체적으로 발랄한 곡이예요. 그 느낌을 잘 살려서 연주하시면 좋아요. 그리고 중간에 나오는 속주는 브릿지 부분인데요, 이 부분만 연습
해서 잘 연주하면 크게 어렵진 않으실 거예요.

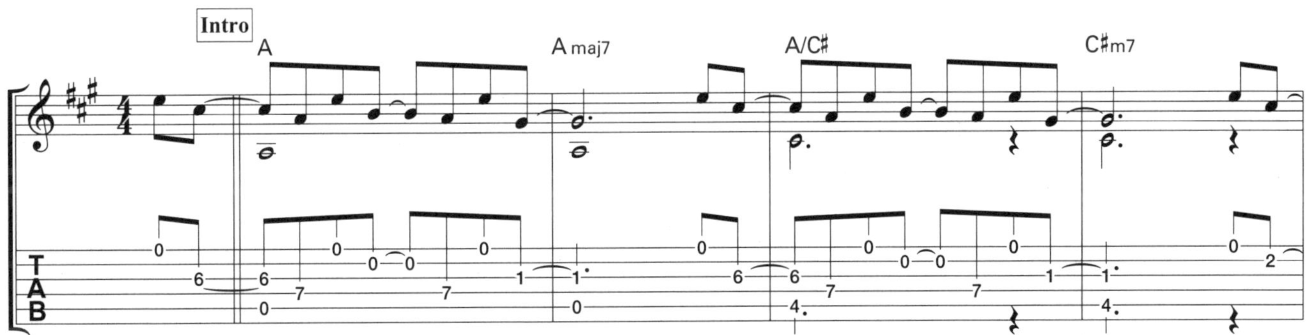

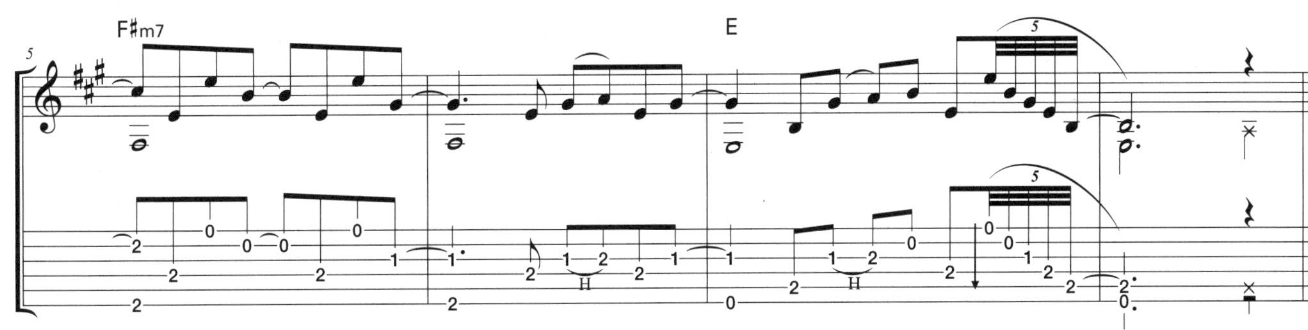

A1
A
Amaj7
C#m7/F#

F#m7/C#
E/B
E
P.M.

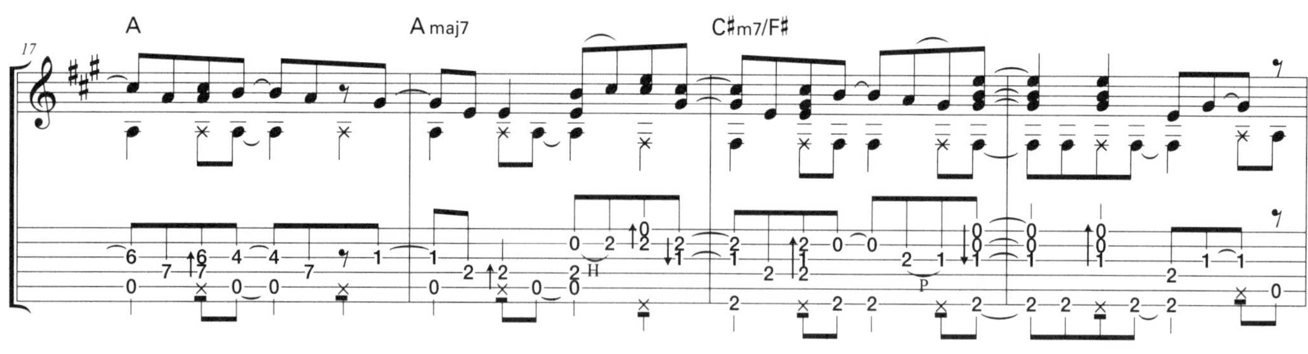

A
Amaj7
C#m7/F#

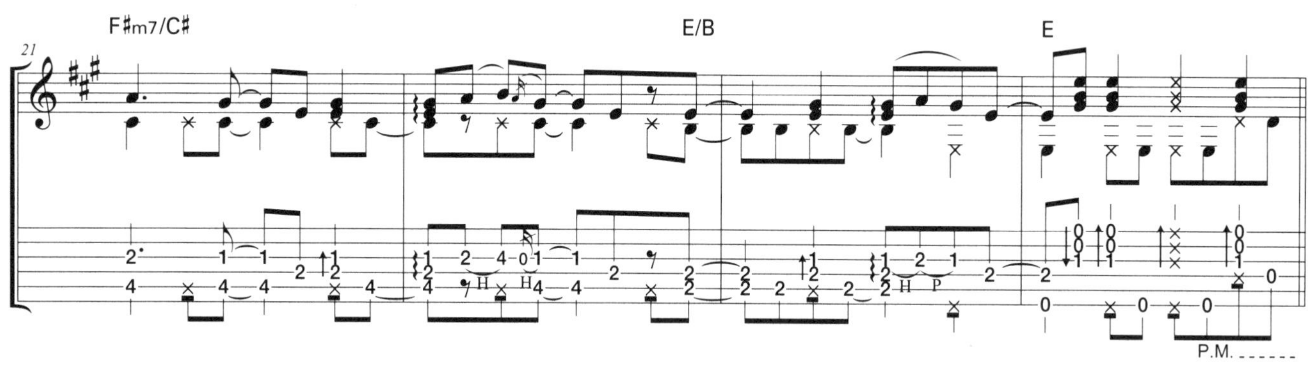

F#m7/C#
E/B
E
P.M.

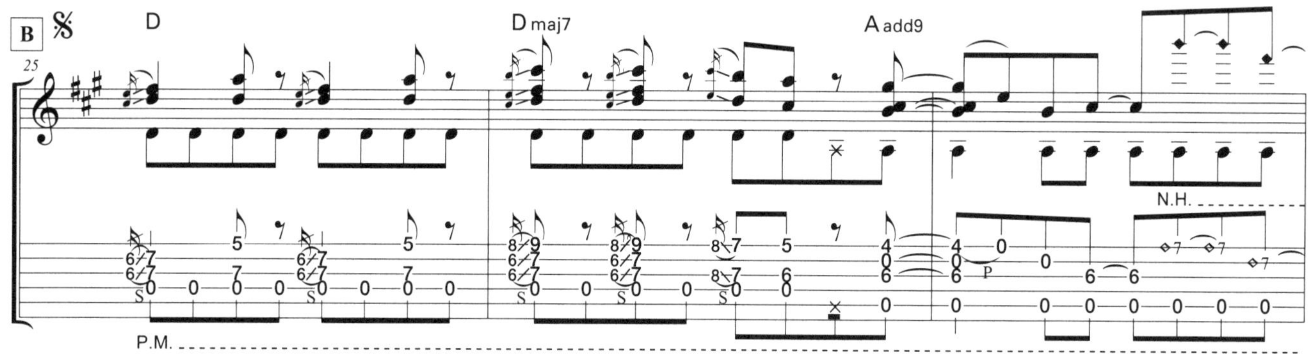

B
D
Dmaj7
Aadd9
N.H.
P.M.

D
Dmaj7
Aadd9
N.H.
2x
P.M.
C♯m7
F♯m7
Bm7
Dm7
E
C1
A7
A/D
E7/D
Bm

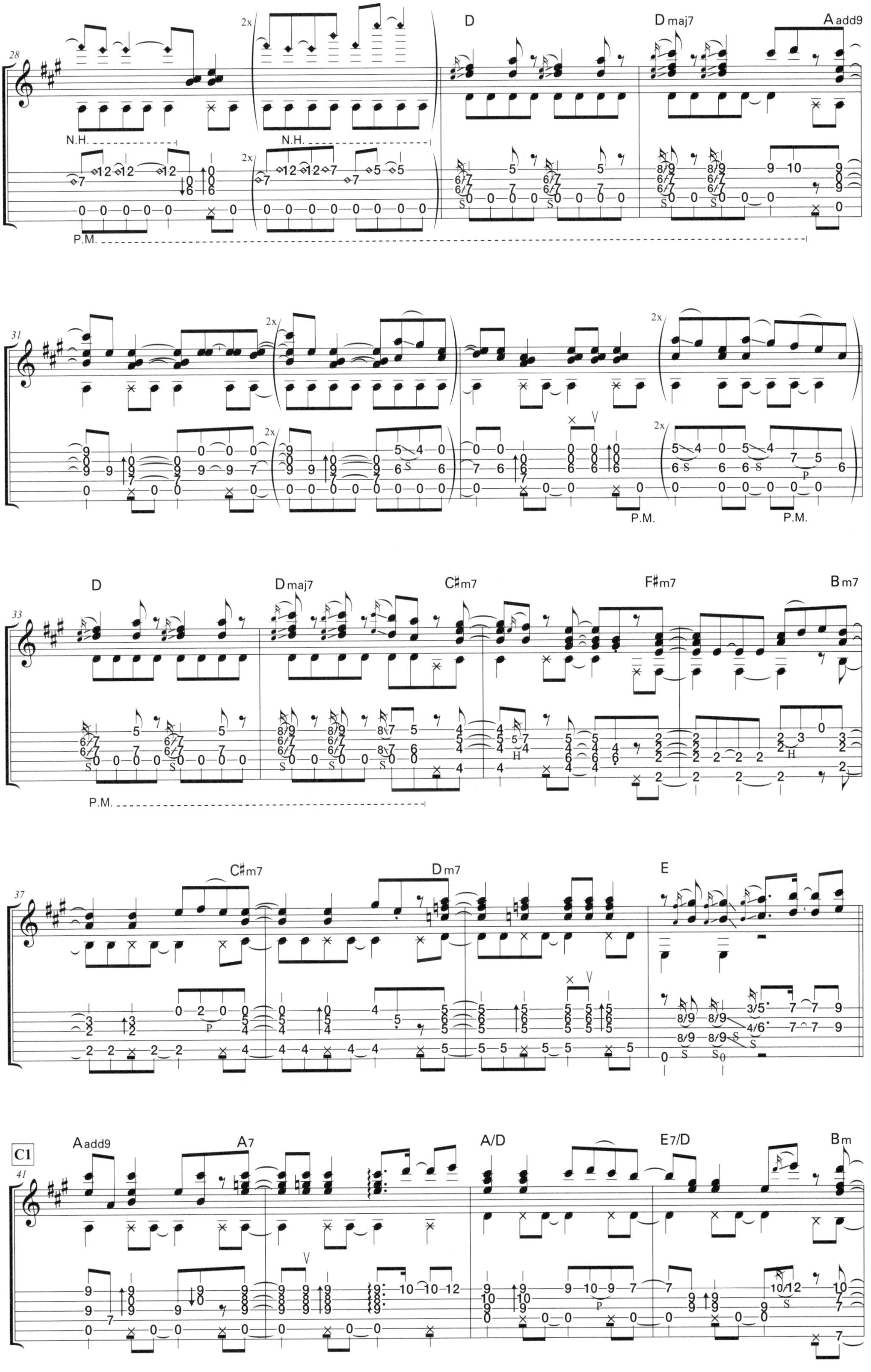

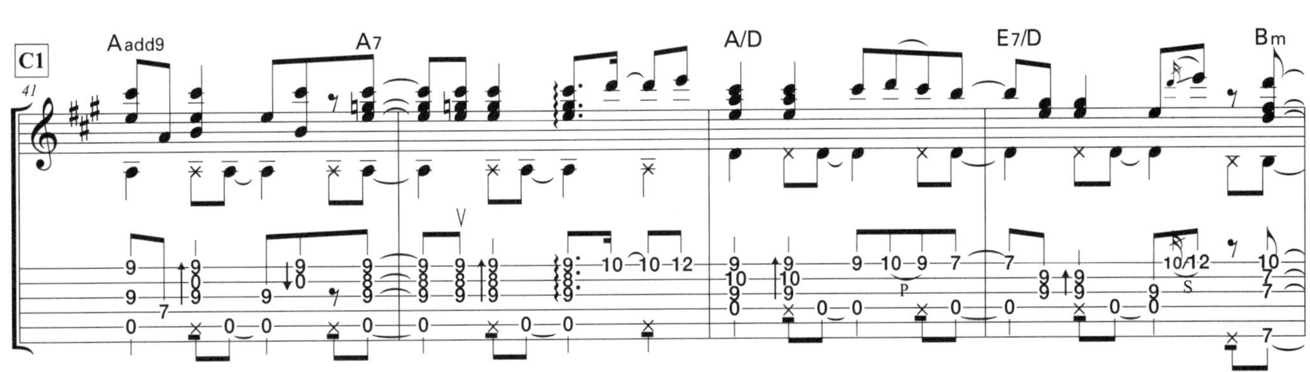

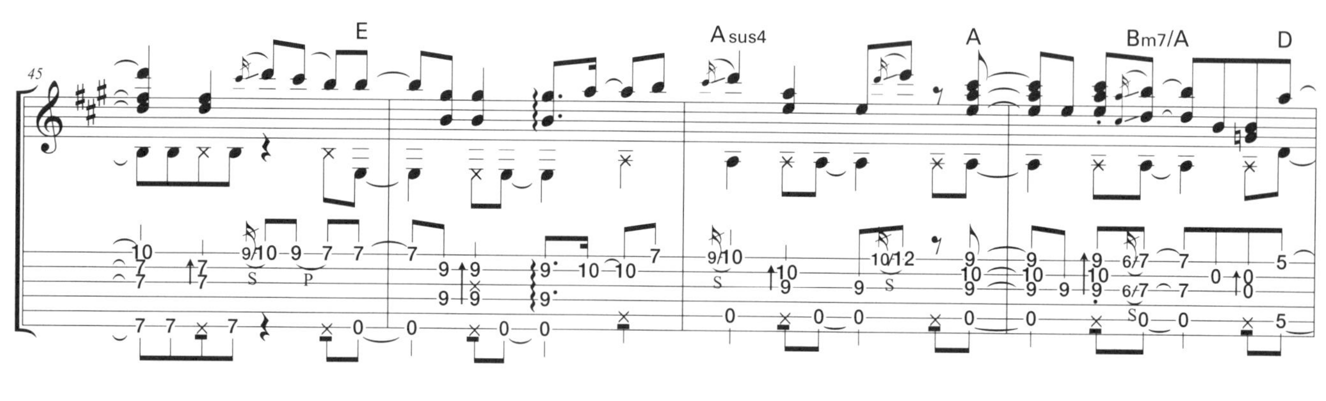

E
Asus4
A
Bm7/A
D

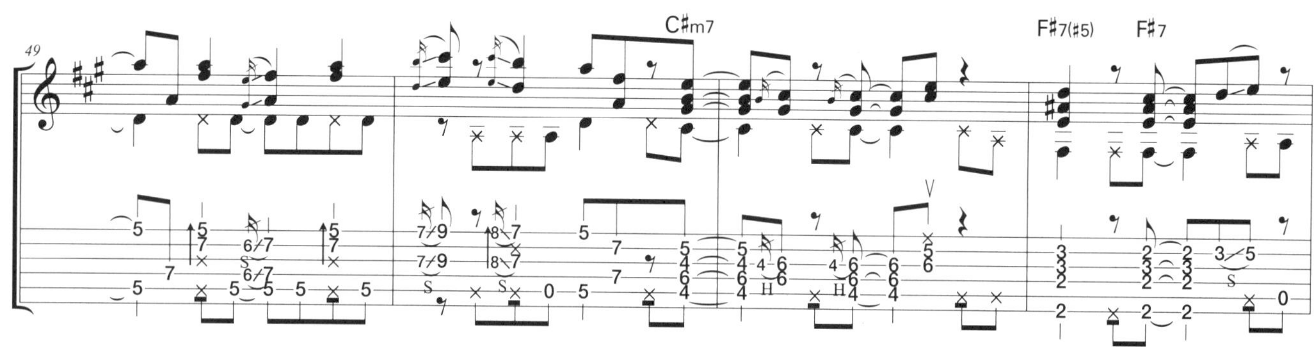

C#m7
F#7(#5)
F#7

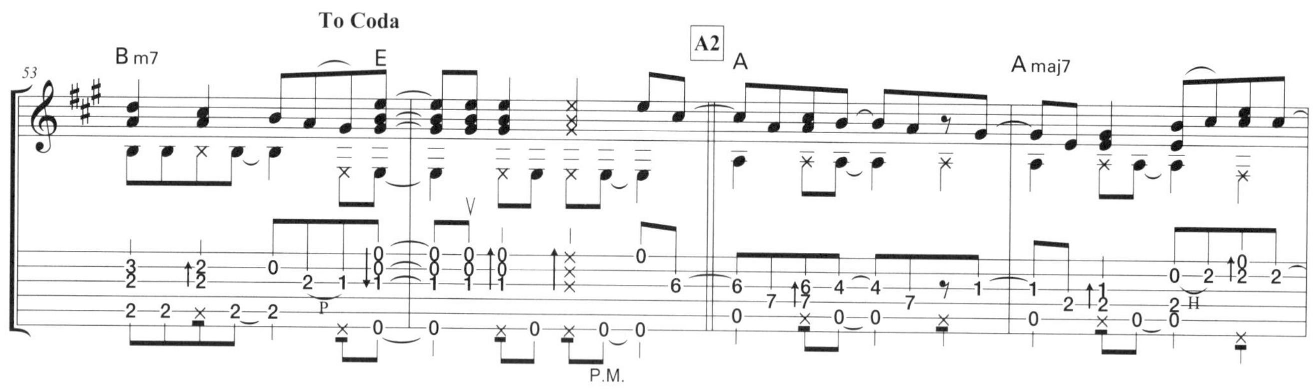

To Coda
Bm7
E
A2
A
Amaj7

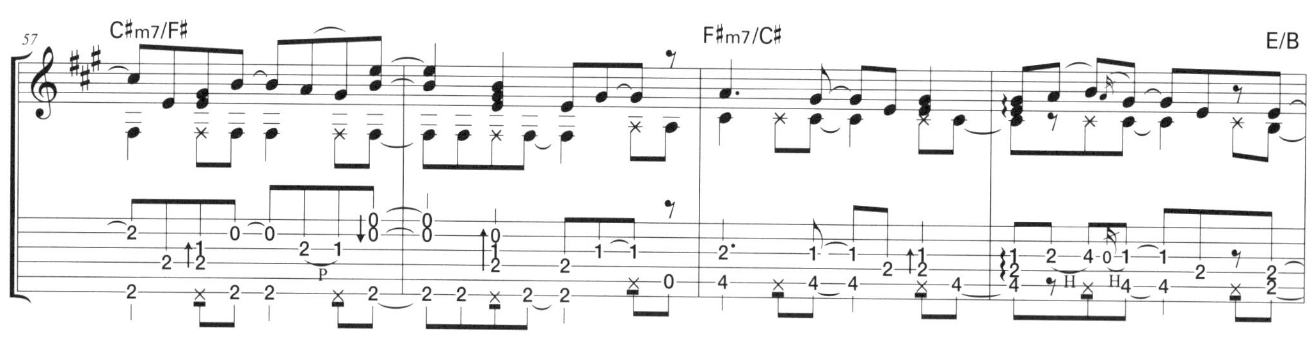

C#m7/F#
F#m7/C#
E/B

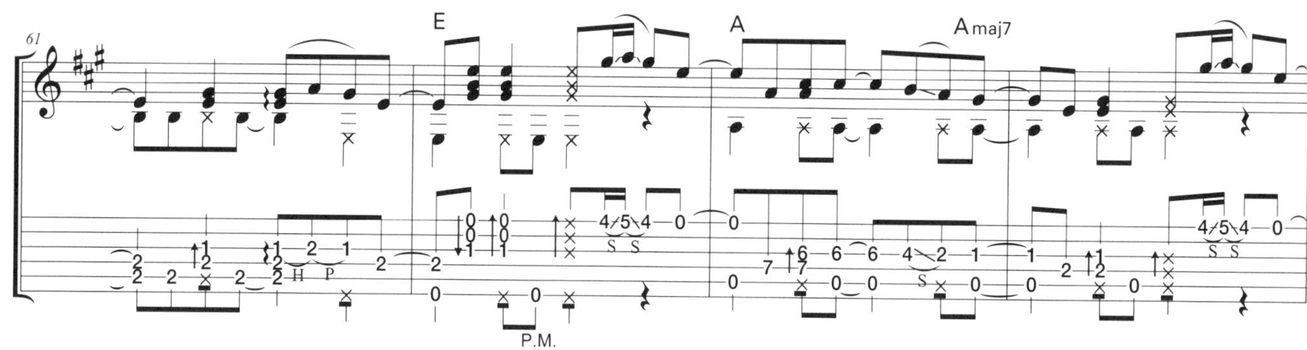

E
A
Amaj7

65
A/C#
C#m7
F#m7

D.S. al Coda

69
E
P.M.   P.M.

71

D
72
Dmaj7
C#m7
P.M. - -|
P.M. - -|

76
Bm7
E
A
A7

80
Dmaj7
C#m7
Bm7
P.M. - -|

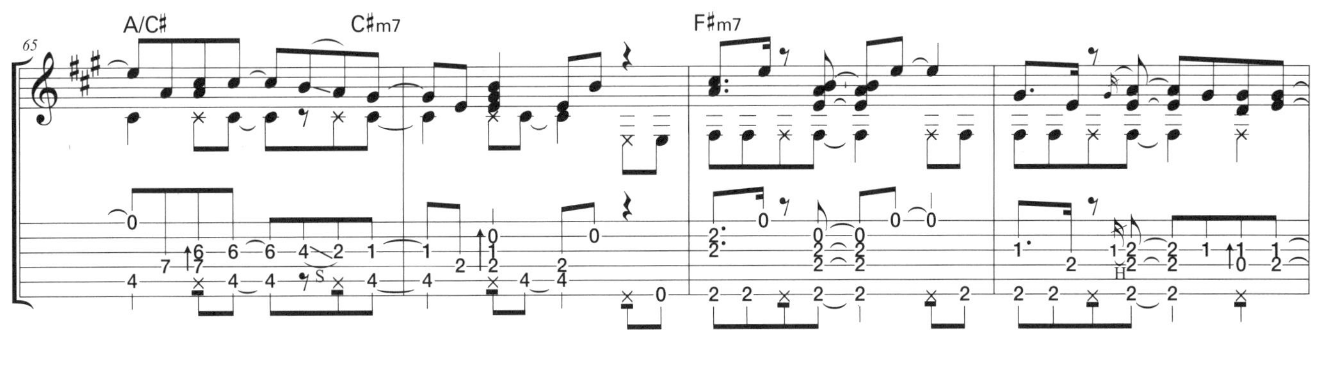

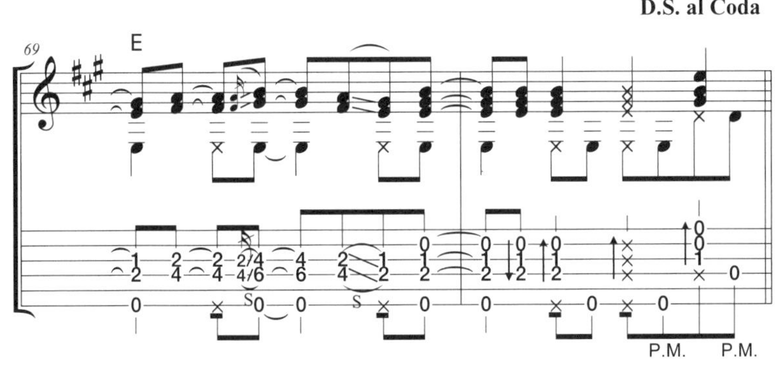

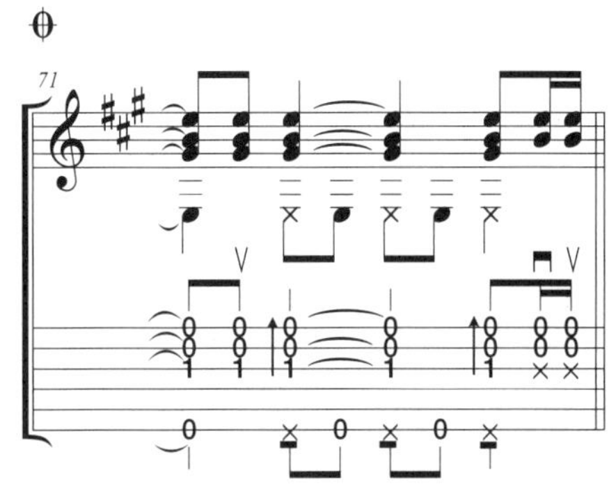

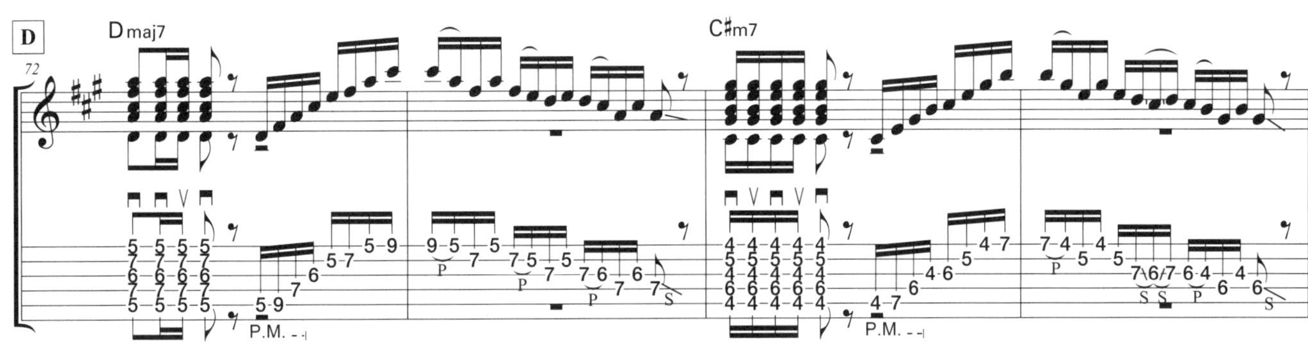

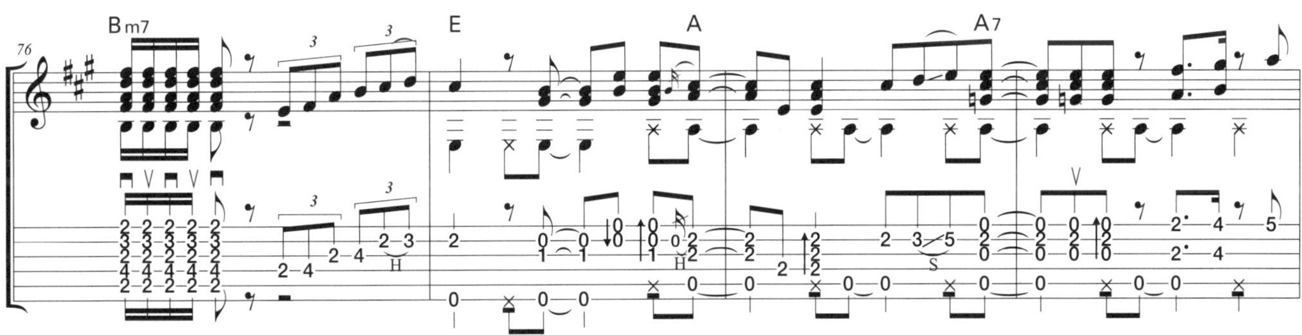

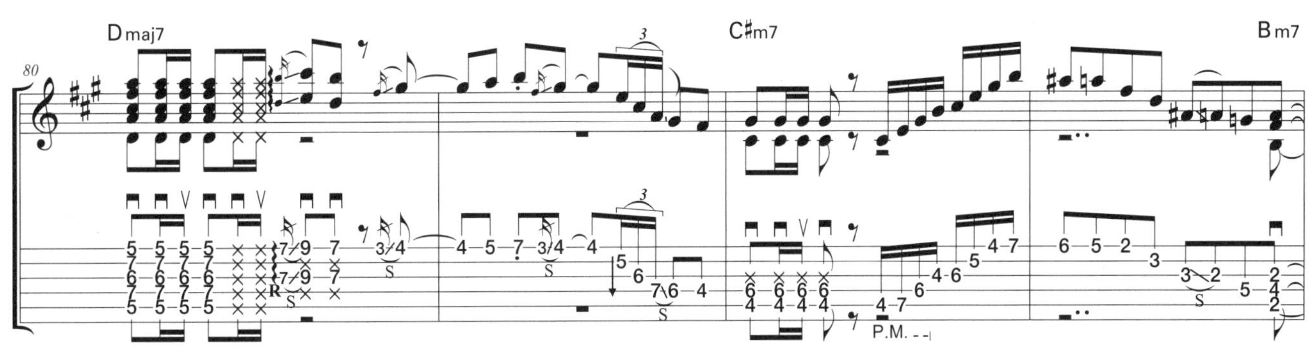

Waiting

C#m7
Dm7
E
C2
Aadd9
A7
A/D
E7/D
Bm
E
Asus4
A
Bm7/A
D
C#m7
F#7(#5)
F#7
Bm7
E
Ending
A
Amaj7
P.M.

104
C#m7/F#
F#m7/C#
E/B

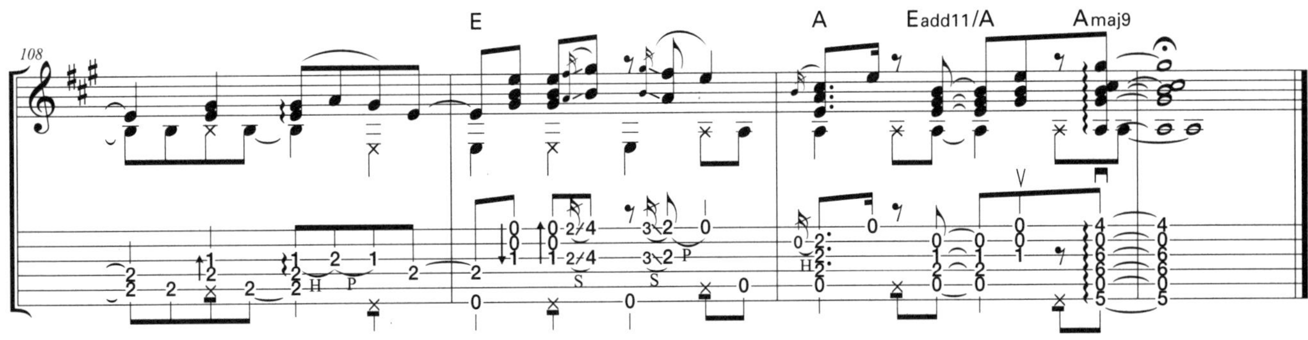

108
E
A
Eadd11/A
Amaj9

Carol in Spring

작곡 정성하
© Sungha Jung Music

이 곡은…

매년 오는 설레는 이벤트, 크리스마스. 크리스마스가 봄에 온다면 어떤 느낌일까요? 한 번쯤은 4월에 크리스마스가 오면 좋겠다는 생각을 해봤어요. 너무 엉뚱한가요?

연주포인트

이곡은 코드진행이 단순해요. 그래서 그다지 어렵지 않게 연주하실 수 있을 거예요. 멜로디 부분에서 저는 손톱으로 피킹을 해요. 하지만 그게 어렵다면 피크로 해도 문제는 없습니다.

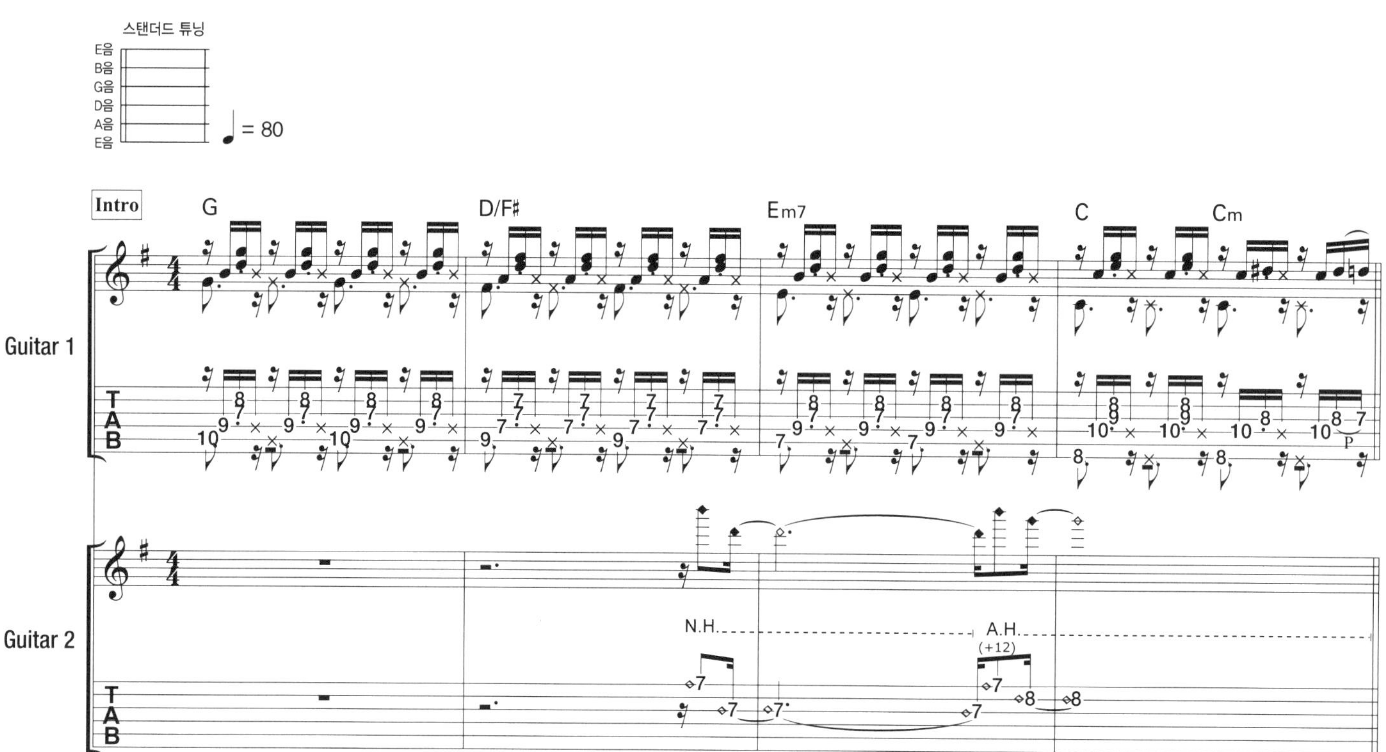

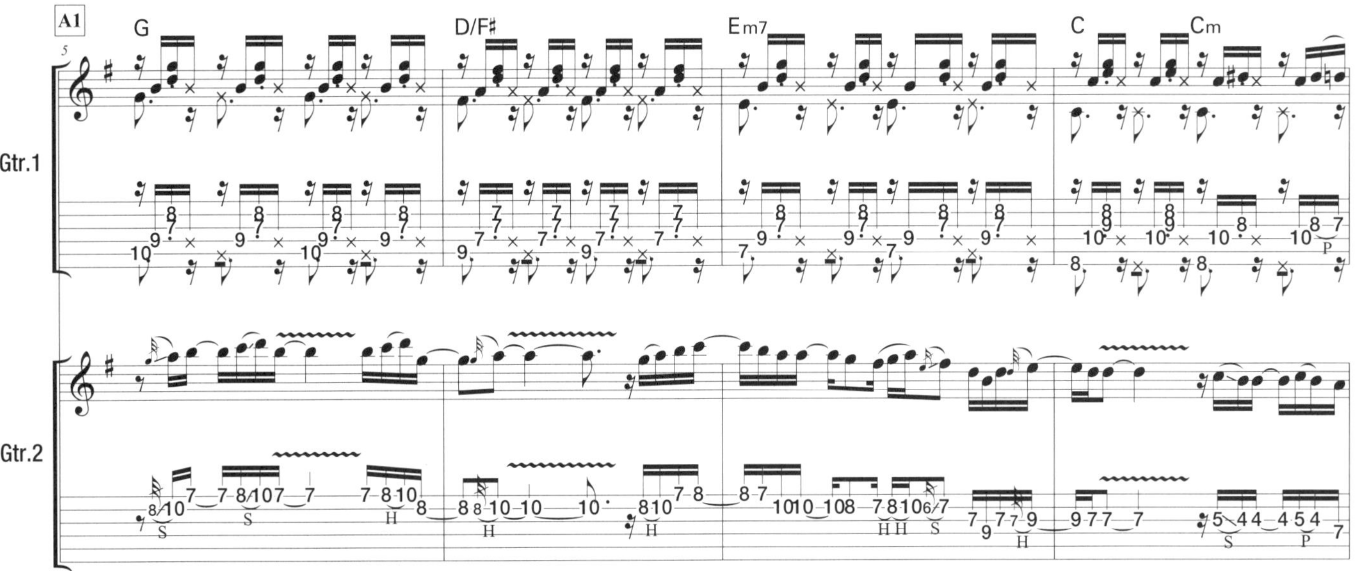
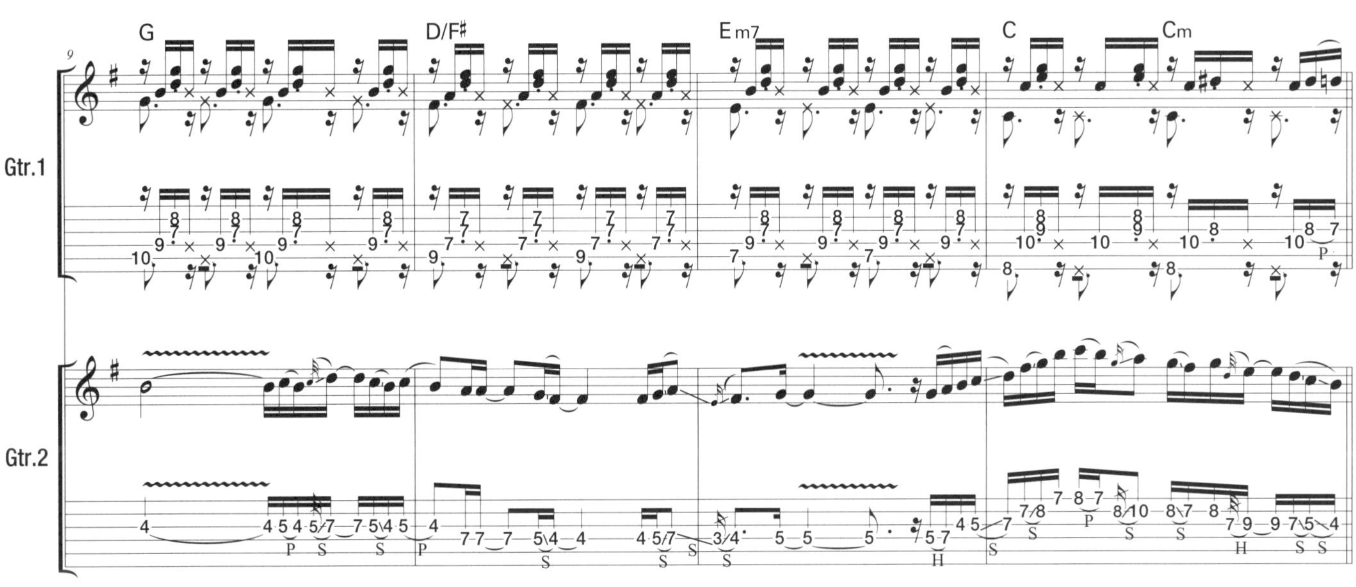
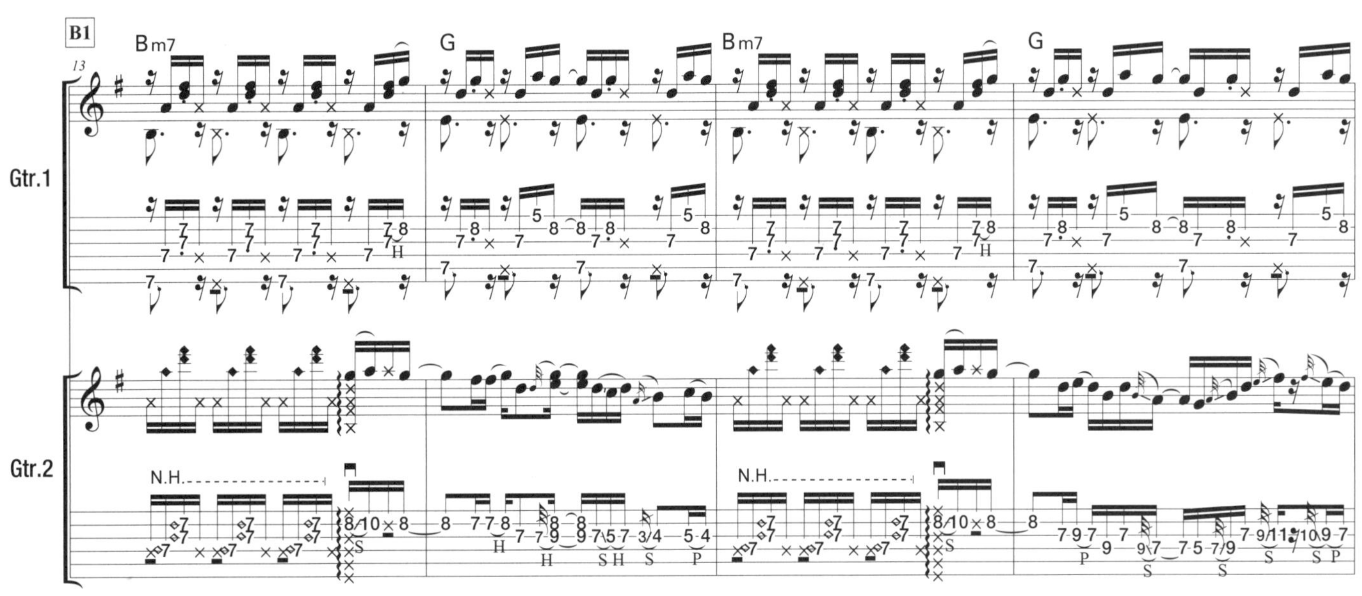
Carol in Spring

Gtr.1
Gtr.2
Bm7
G
D
C
B7
N.H.

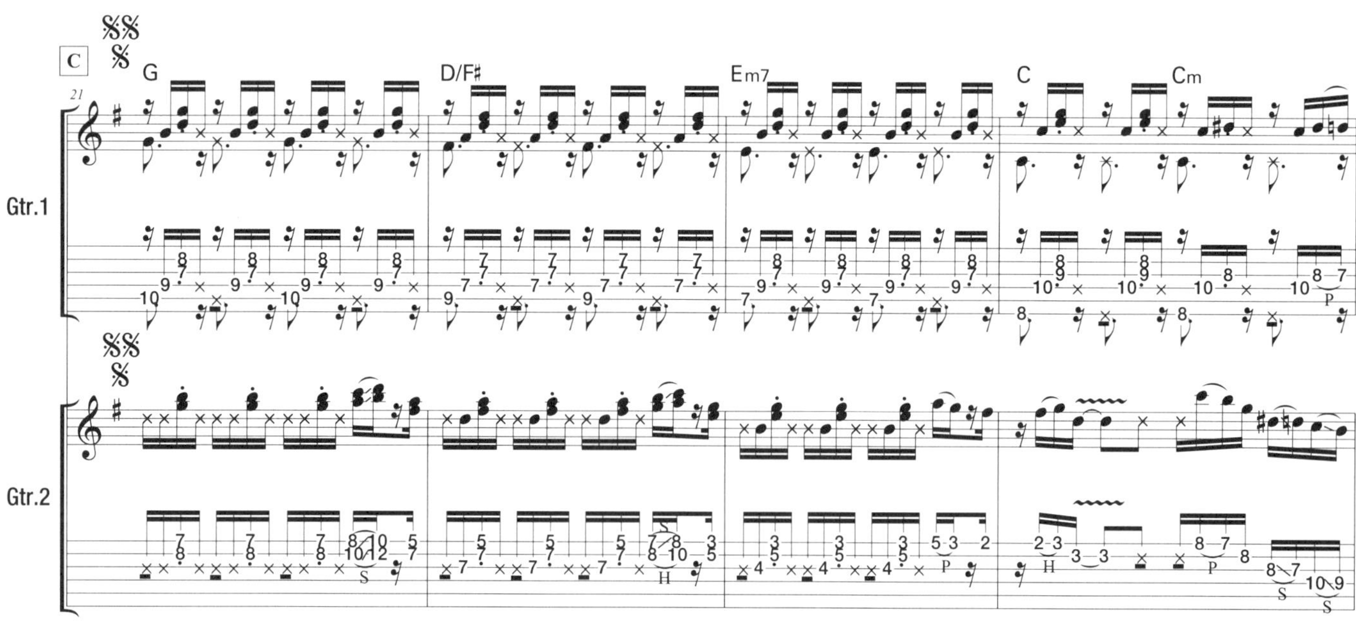
C
G
D/F#
Em7
C
Cm
Gtr.1
Gtr.2

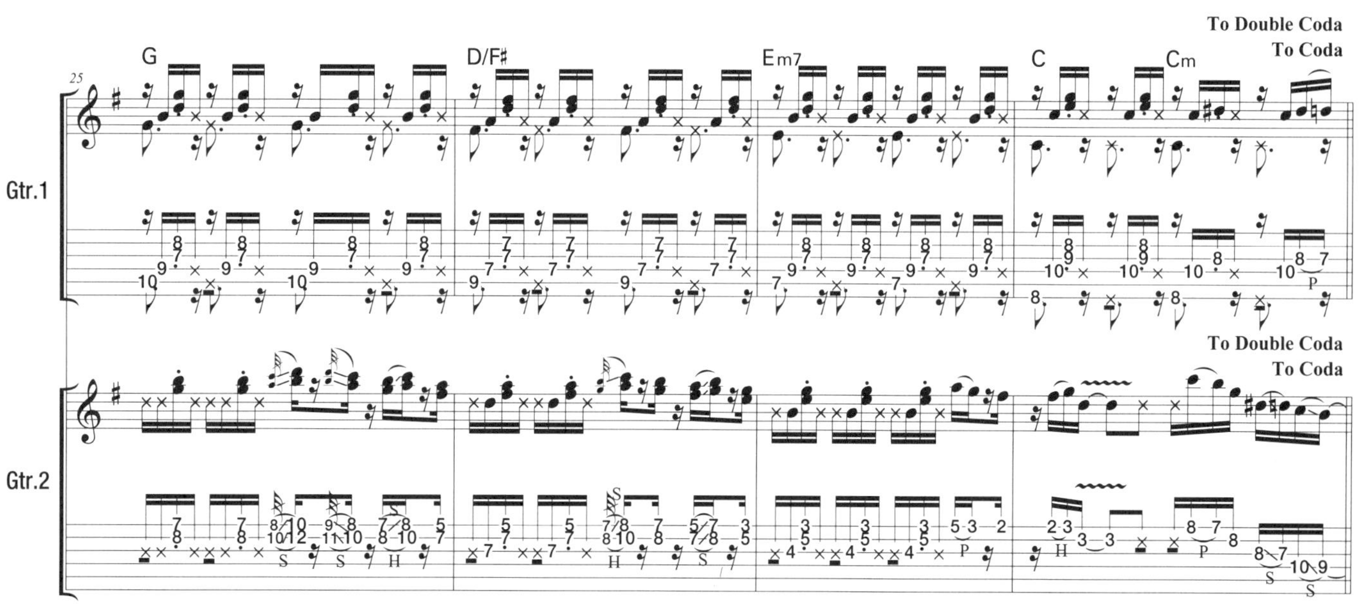
To Double Coda
To Coda
G
D/F#
Em7
C
Cm
Gtr.1
To Double Coda
To Coda
Gtr.2

A2
G   D/F#   Em7   C   Cm
Gtr.1
Gtr.2

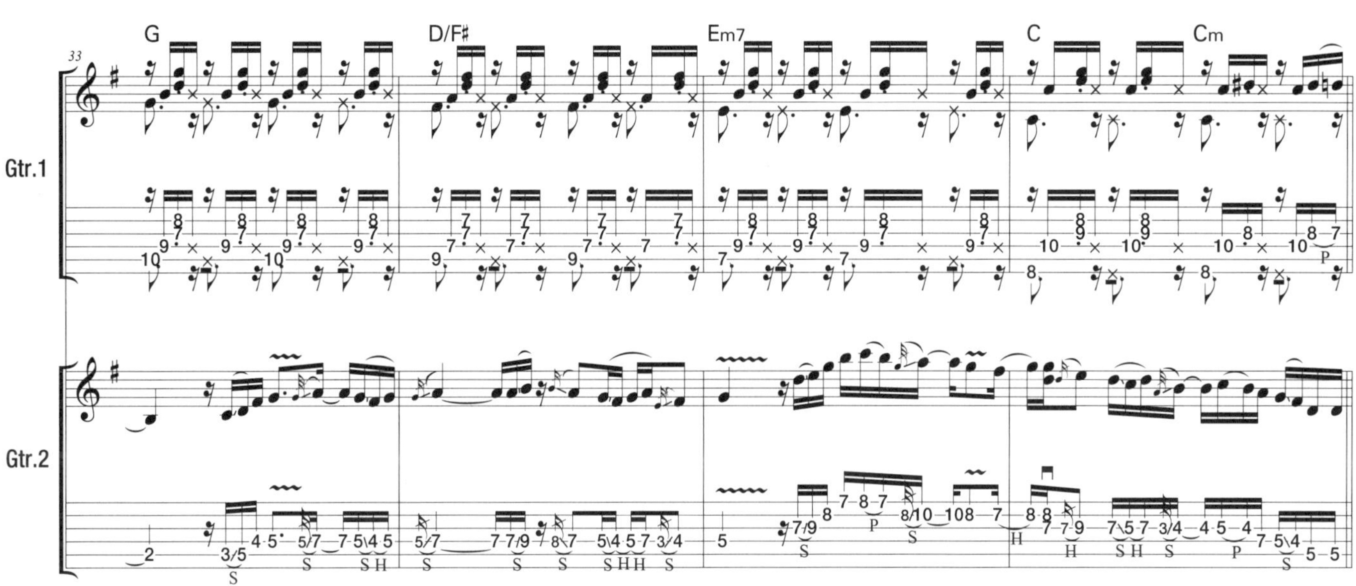
G   D/F#   Em7   C   Cm
Gtr.1
Gtr.2

B2
Bm7   G   Bm7   G
Gtr.1
Gtr.2
N.H.
N.H.

D.S. al Coda
Bm7
G
D
C
B7
Gtr.1
N.H.
Gtr.2
D.S. al Coda

D
G
D/F#
Em7
C
Cm
Gtr.1
Gtr.2

G
D/F#
Em7
C
Cm
D.S.S. al Double Coda
Gtr.1
Gtr.2
D.S.S. al Double Coda

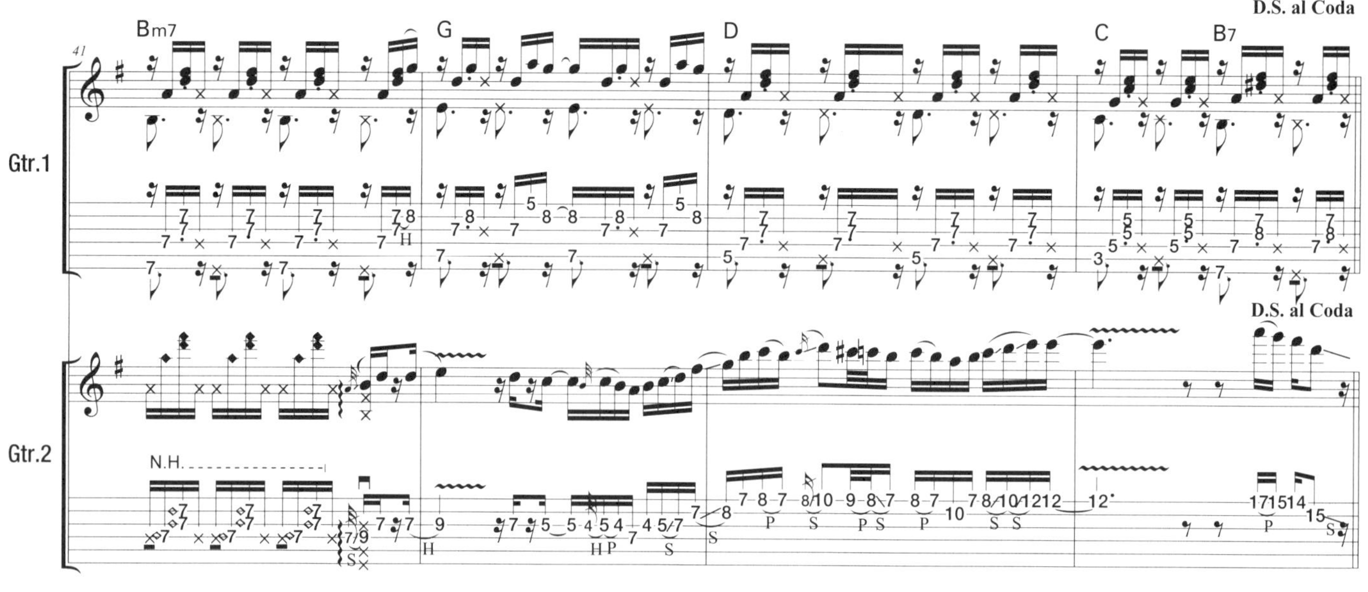

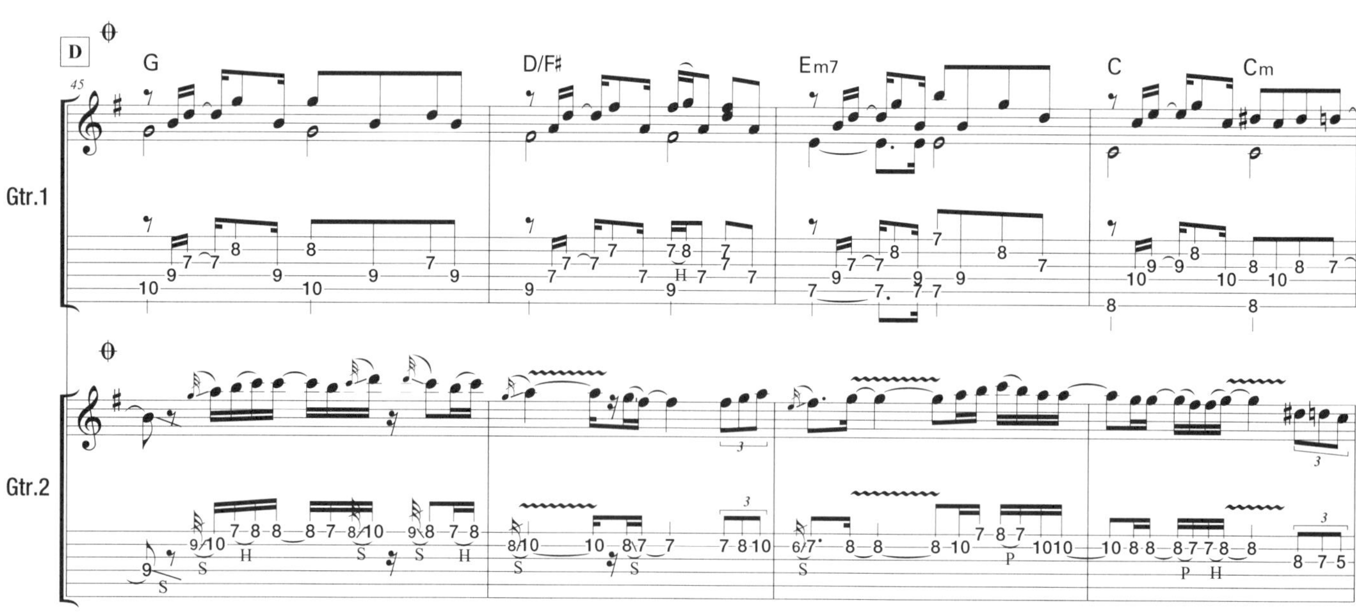

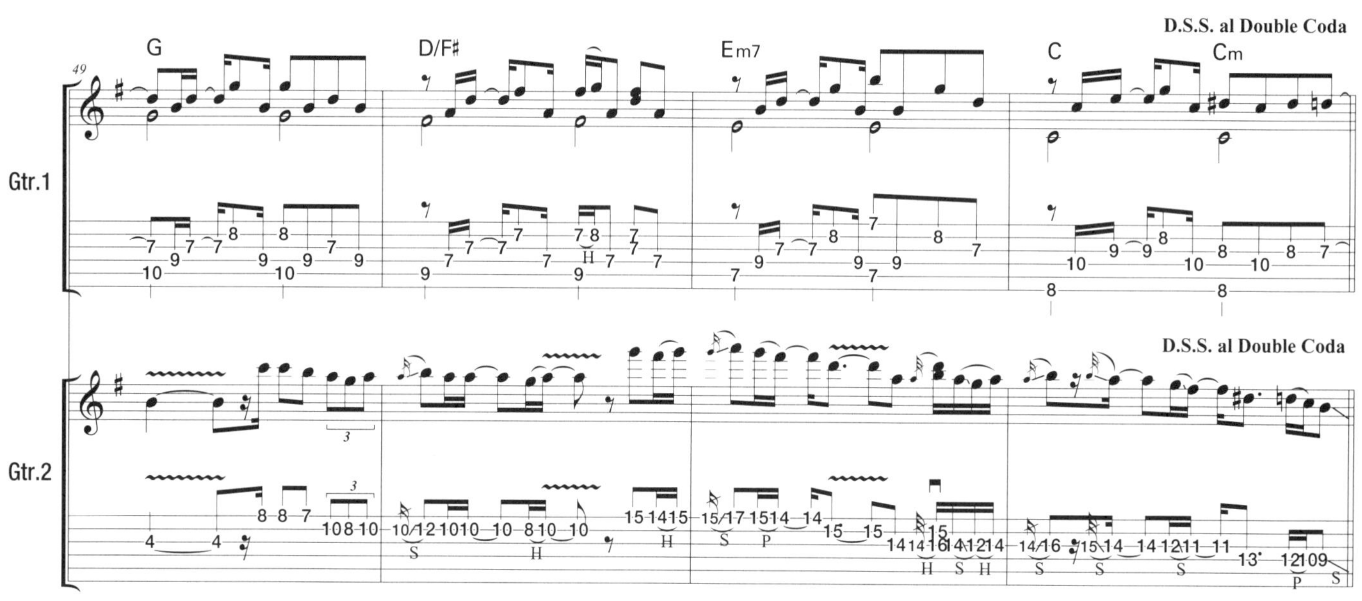

48

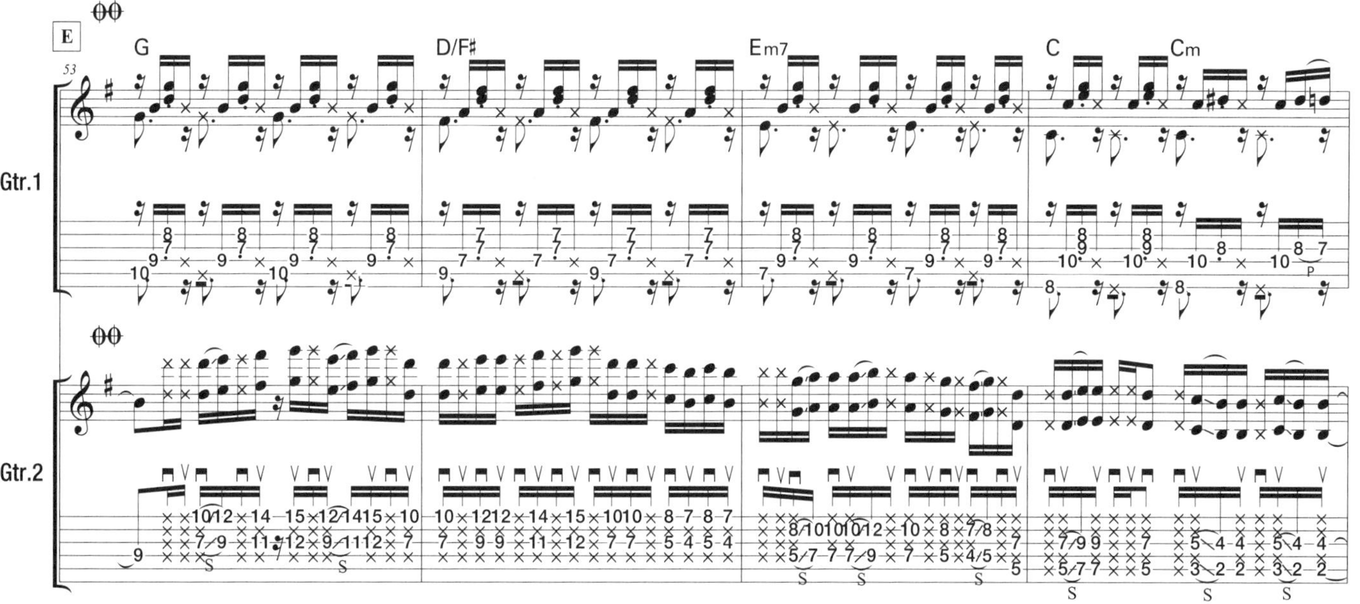

E
G   D/F#   Em7   C   Cm
Gtr.1
Gtr.2

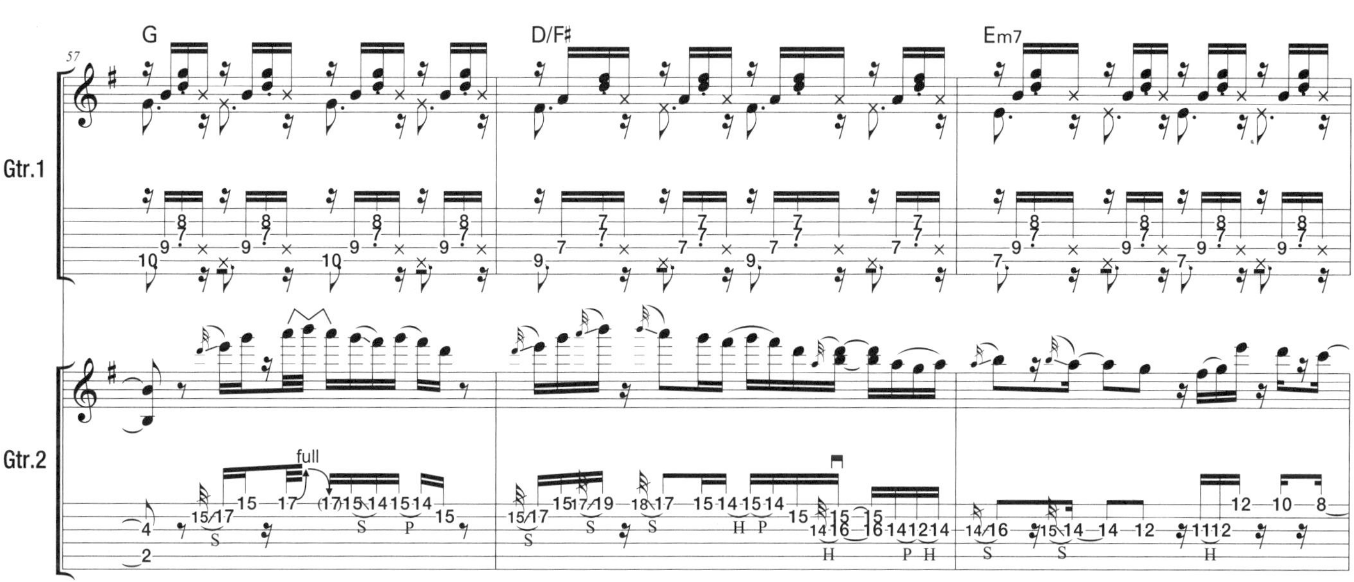

G   D/F#   Em7
Gtr.1
full
Gtr.2

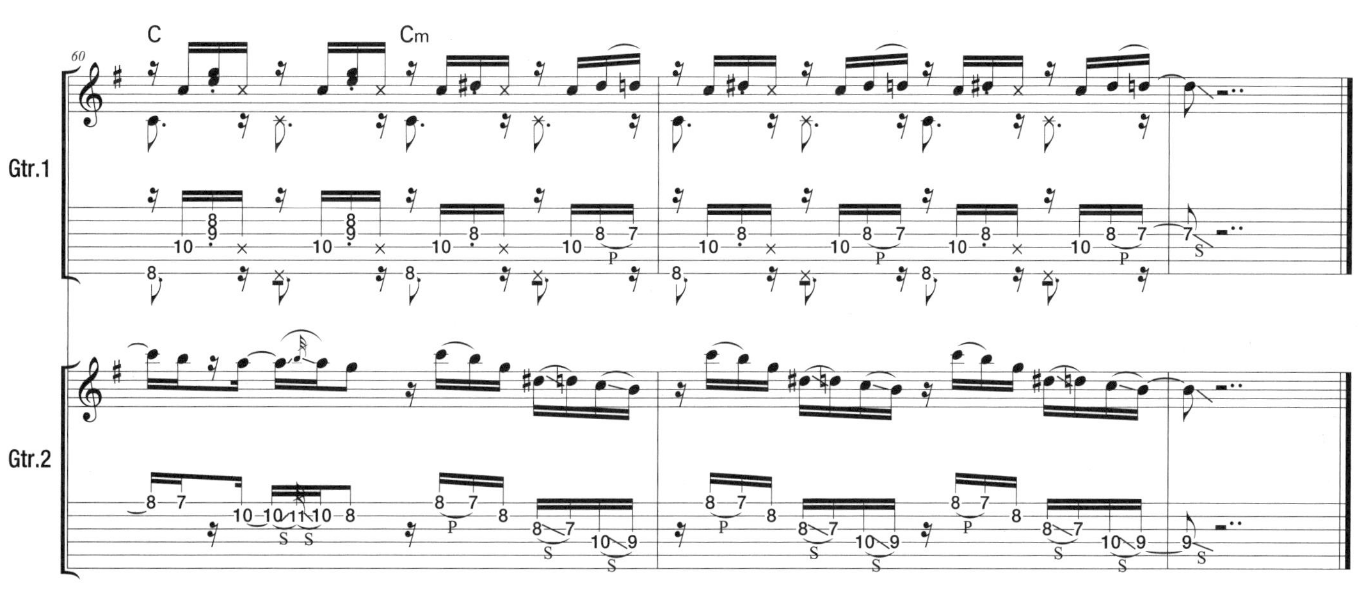

C   Cm
Gtr.1
Gtr.2

Harmonize

작곡 정성하
© Sungha Jung Music

이 곡은…

어둡지만 박력있고, 낮지만 화려한 느낌이 대비를 보이며 조화를 이루는 곡이에요. 바리톤 기타로 연주를 했는데, 이번 앨범에서 가장 테크니컬한 곡이 아닐까 생각해요.

연주포인트

태핑, 인공 하모닉스, 팜, 뮤트어택 등의 하이 테크닉이 나와요. 멜로디와 곡의 흐름이 끊어지지 않도록 하는 것, 그리고 바리톤 기타 특유의 묵직함을 느끼면서 연주하는 것이 중요해요.

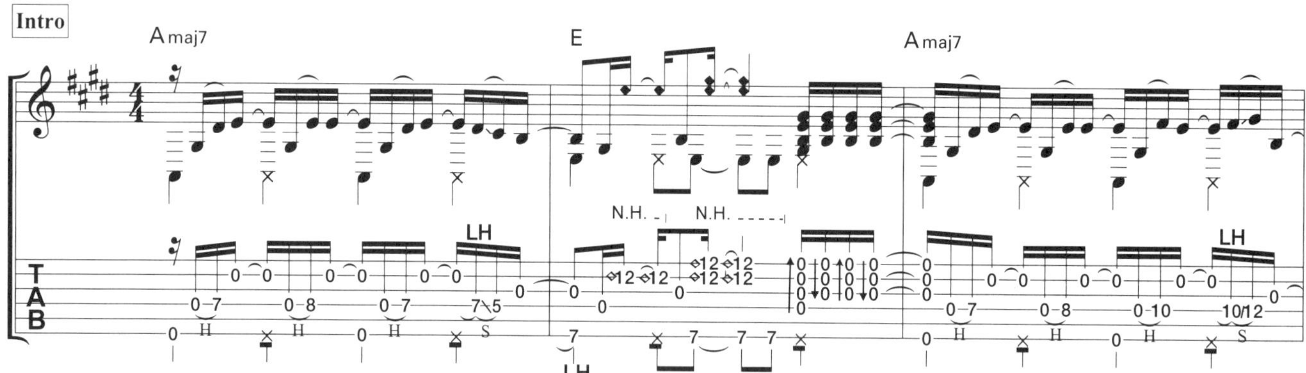

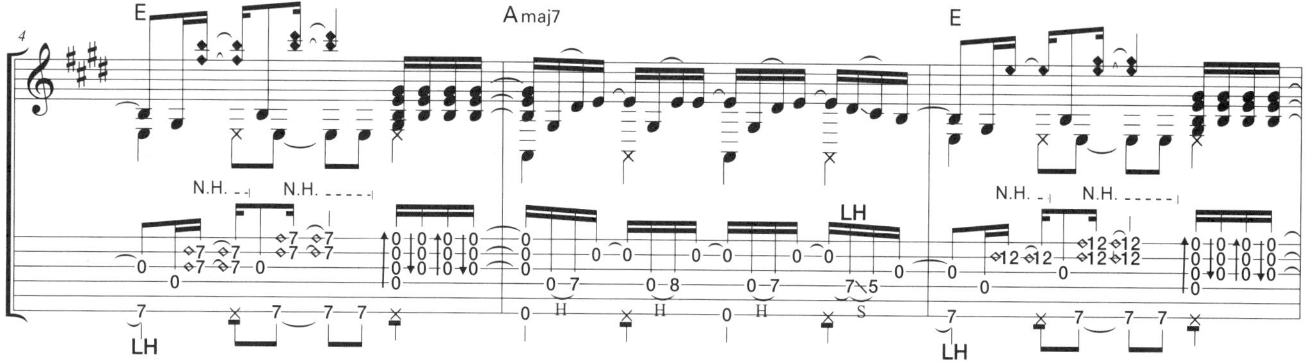

Amaj7
E
A1
A
E
A
E
A
E
B/F#
G#m
E/G#
B7/A
E/A
E/B
A2
A
E
A
N.H.
N.H.
LH
LH
LH
Harmonize
51

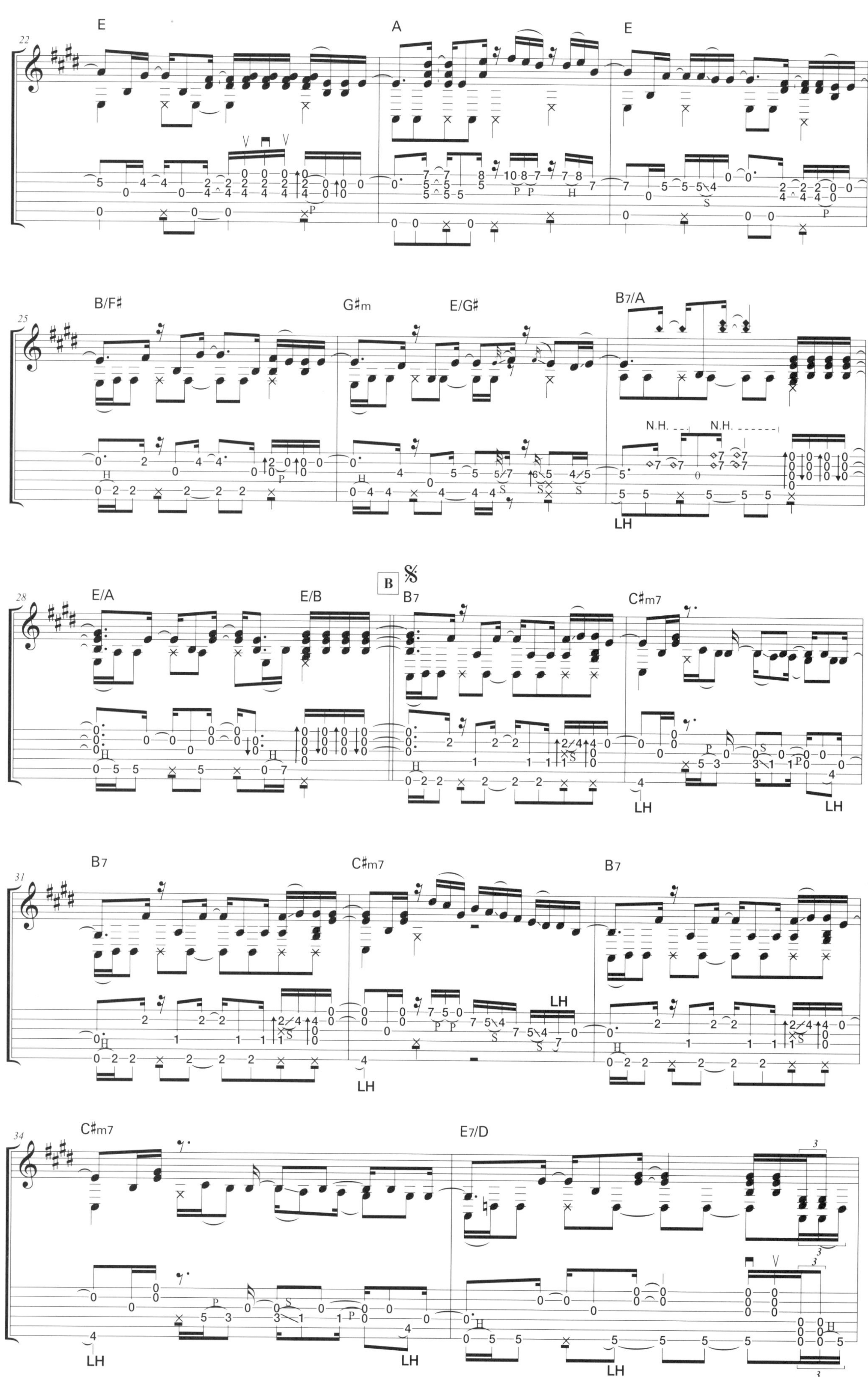

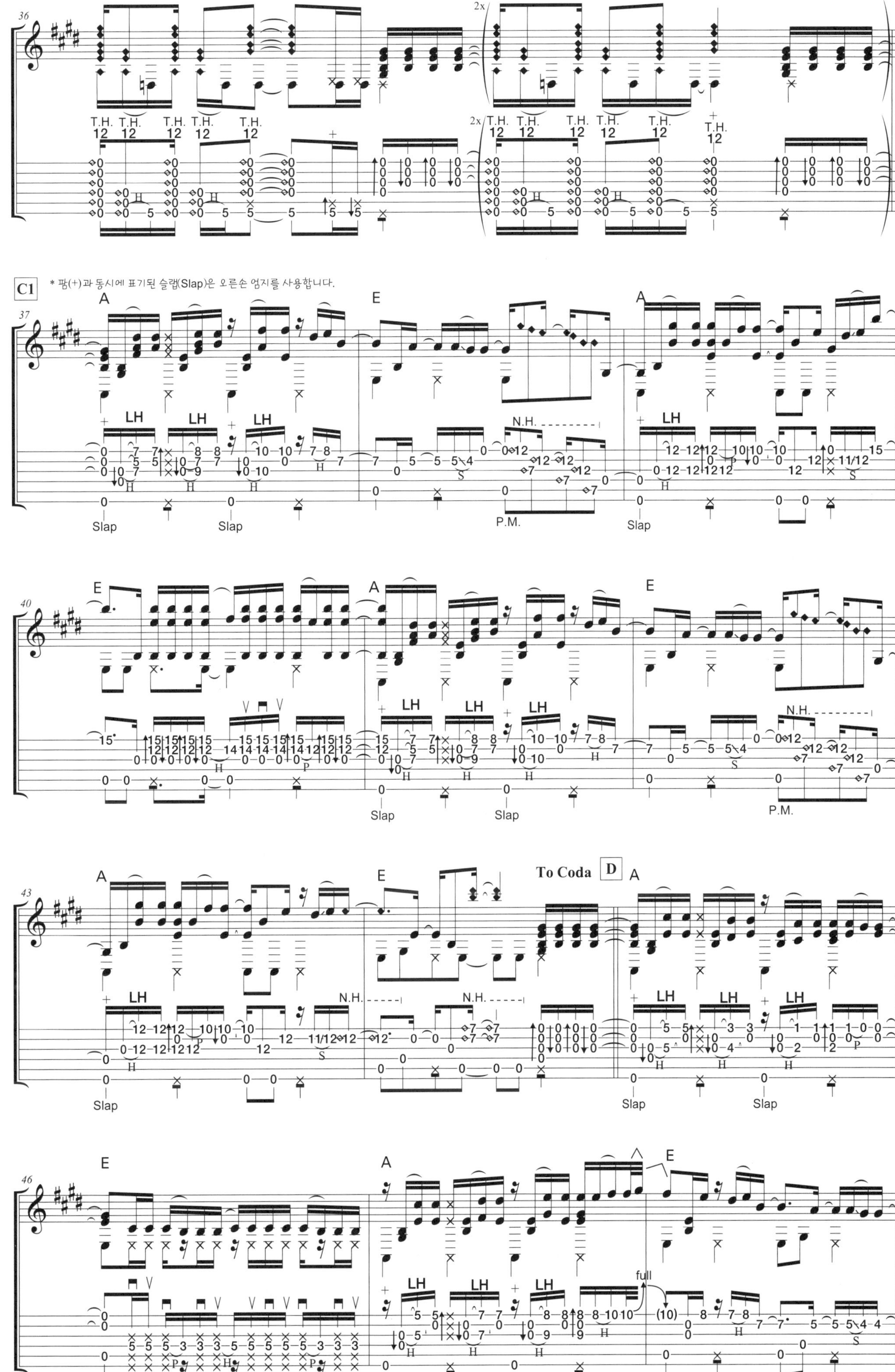
* 팜(+)과 동시에 표기된 슬랩(Slap)은 오른손 엄지를 사용합니다.
C1
To Coda
Harmonize
53

A
E
B/F#
LH
LH
LH
Slap
Slap
Slap
G#m
E/G#
B7/A
E/A
D.S. al Coda
E/B
N.H.
N.H.
LH
E
A
E
A
A.H.
(+12)
LH
A.H.
(+12)
LH
A.H.
(+12)
LH
A.H.
(+12)
LH
A.H.
(+12)
LH
A.H.
(+12)
LH
A.H.
(+12)
LH
A.H.
(+12)
LH
A.H.
(+12)
LH
A.H.
(+12)
LH
A.H.
(+12)
LH
1.
E
2.
E
C2
A
A.H.
(+19)
LH
A.H.
(+19)
LH
A.H.
(+19)
LH
A.H.
(+19)
LH
A.H.
(+19)
LH
A.H.
(+19)
LH
LH
LH
LH
Slap
Slap
E
A
E
1/2
N.H.
LH
LH
LH
1/2
P.M.
Slap
Slap

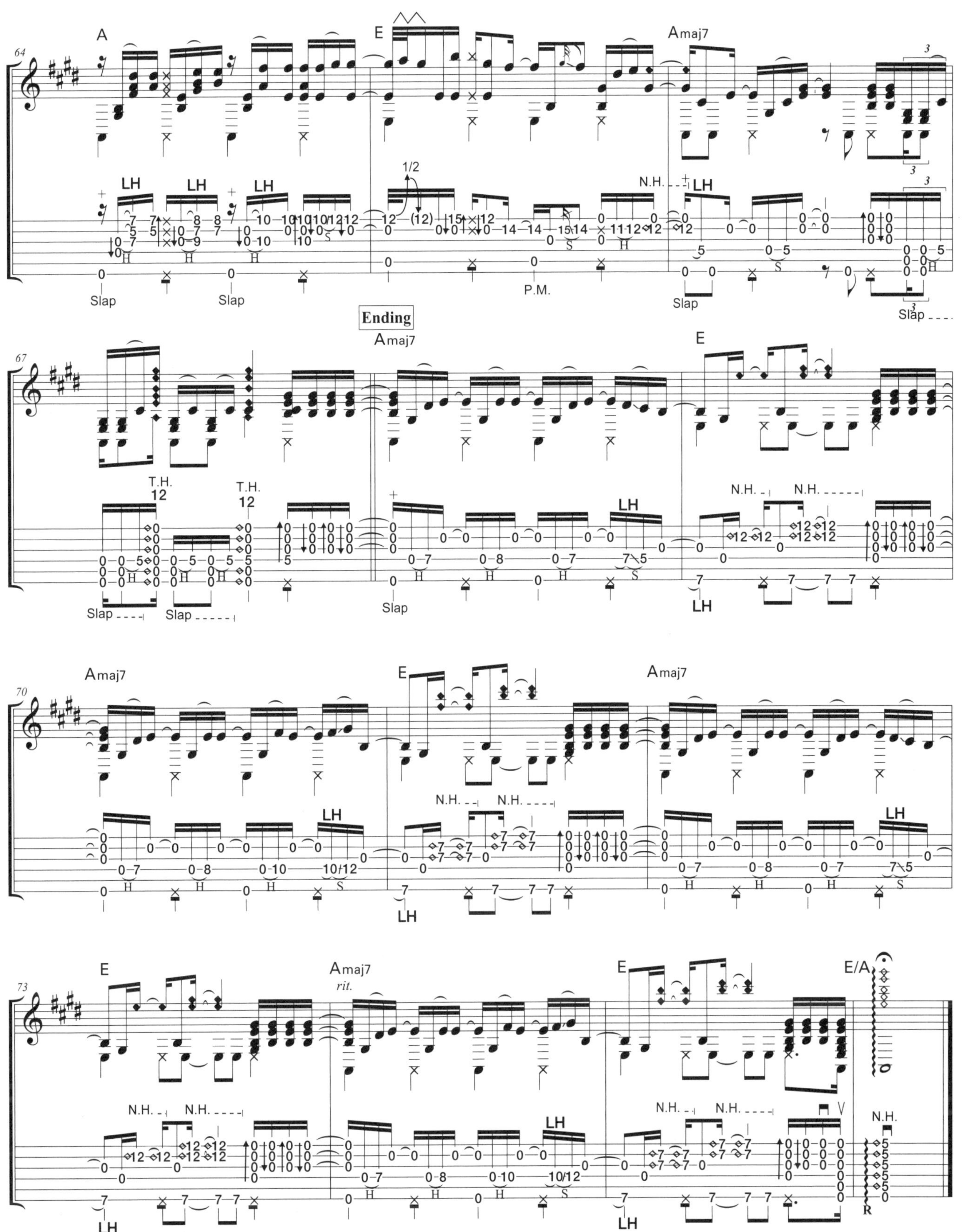

Harmonize

Stars

작곡 정성하
© Sungha Jung Music

성하의 한 마디

이 곡은…

꽃다운 나이에 밝은 미래를 등지고 별이 되어버린 학생들에게 바치는 노래입니다. '세월호', 영원히 잊지 않겠습니다.

연주포인트

메이저 곡이지만 슬픈 느낌을 가지고 연주하면 좋겠습니다. 저는 솔로를 손톱으로 피킹했어요. 핑거링을 함께 할 수 있다는 장점이 있거든요. 하지만 피크로 연주해도 좋을 듯합니다.

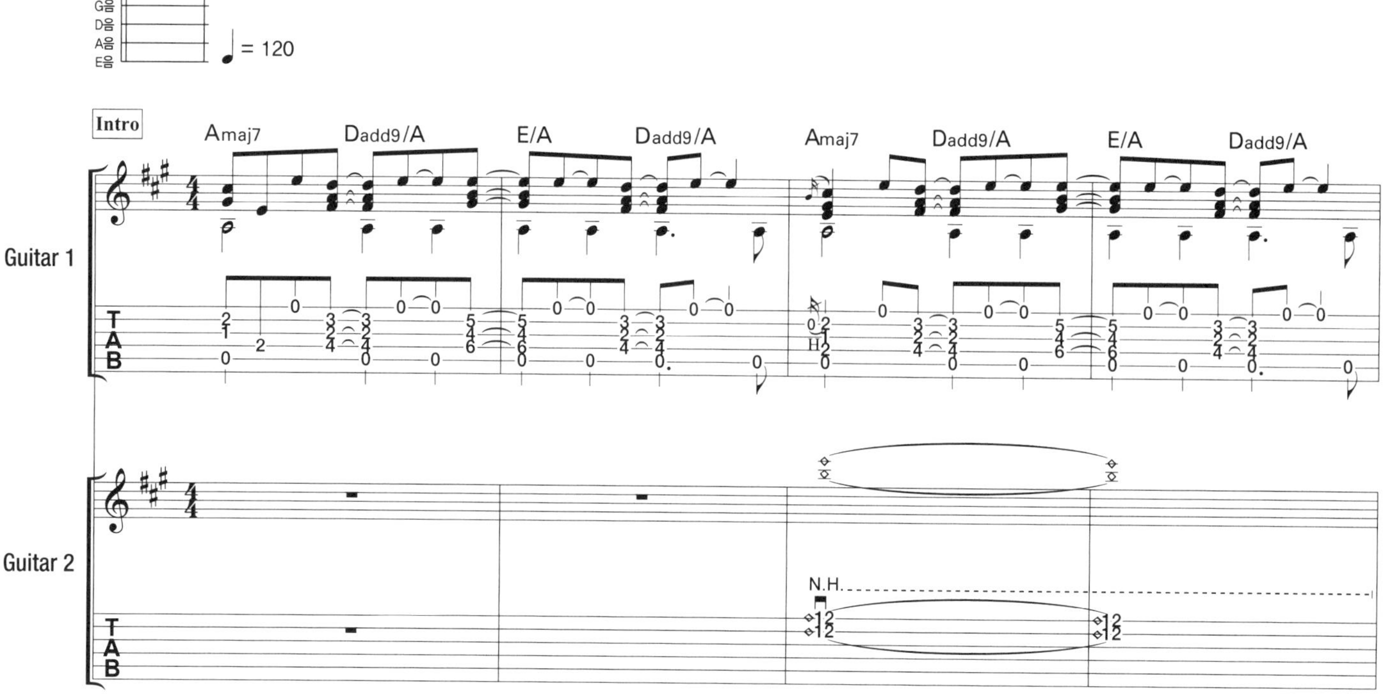

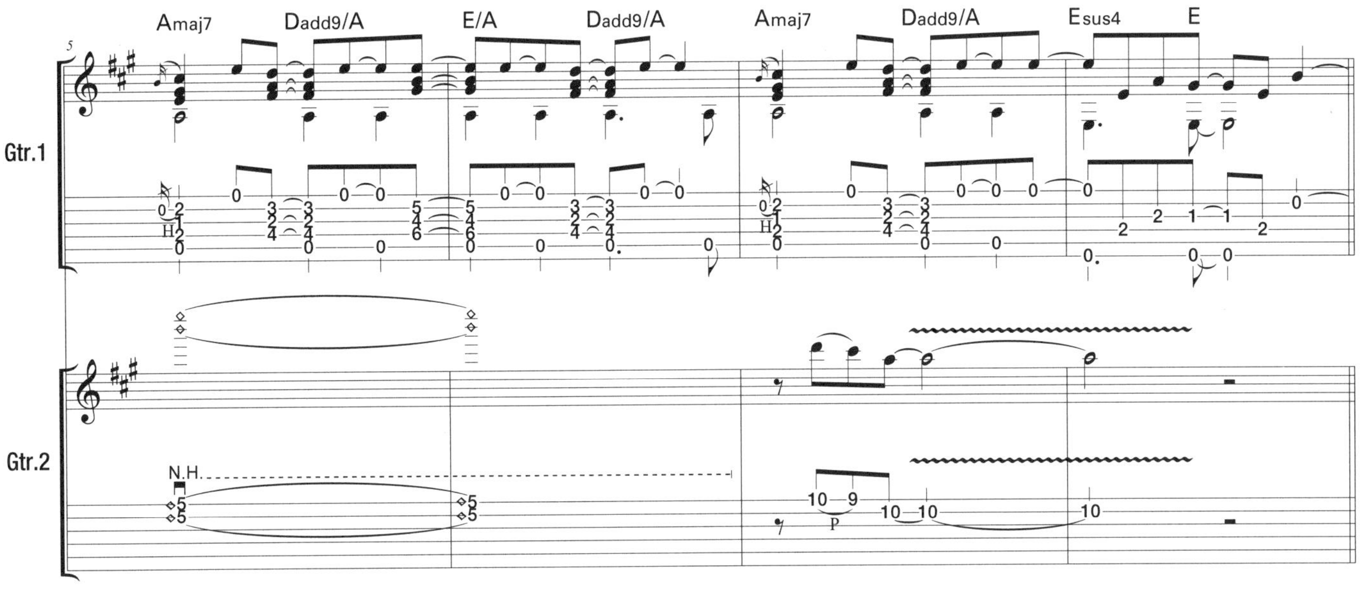

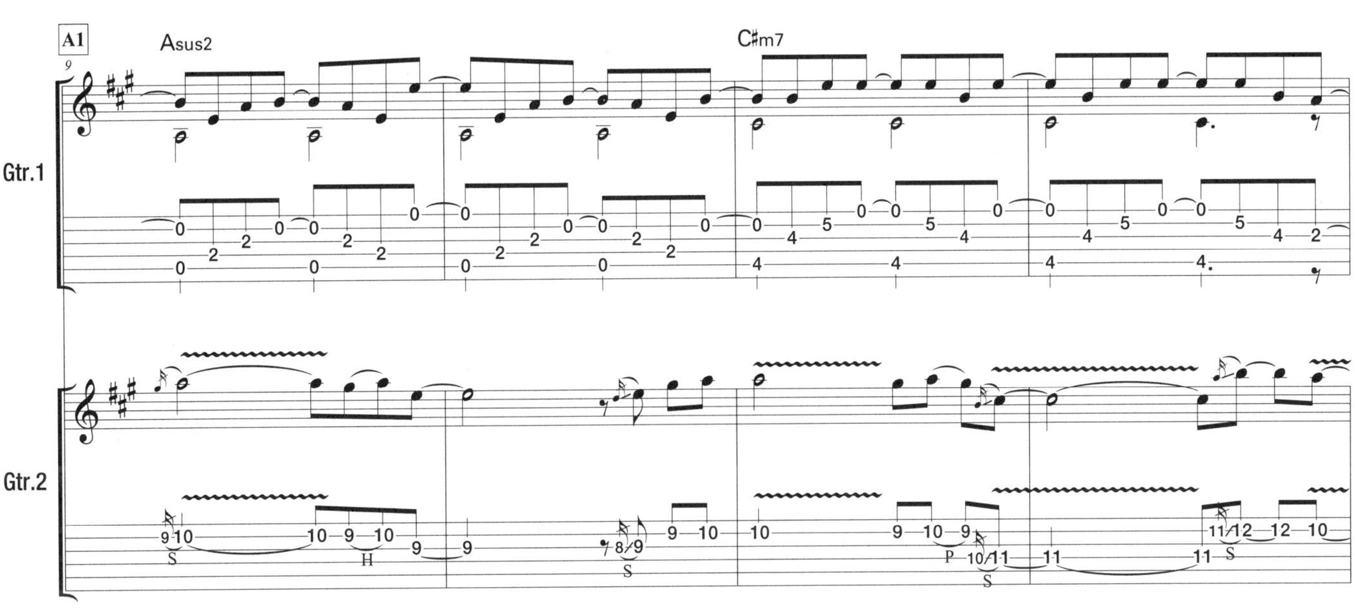

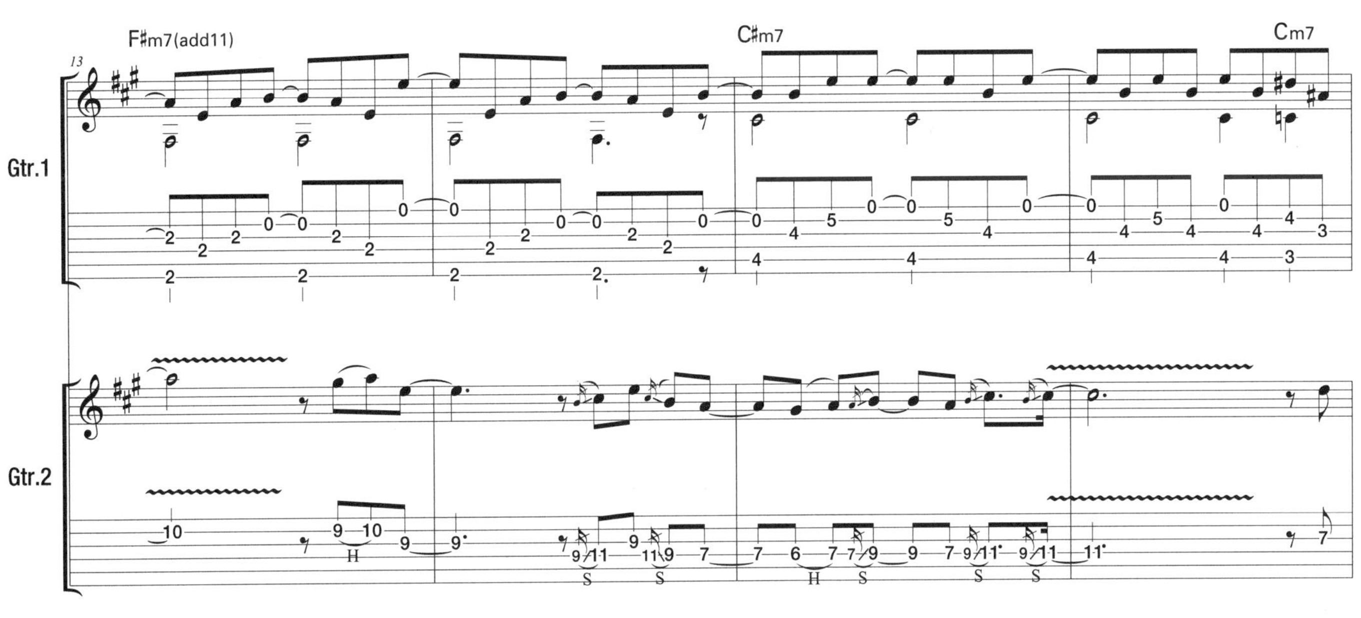

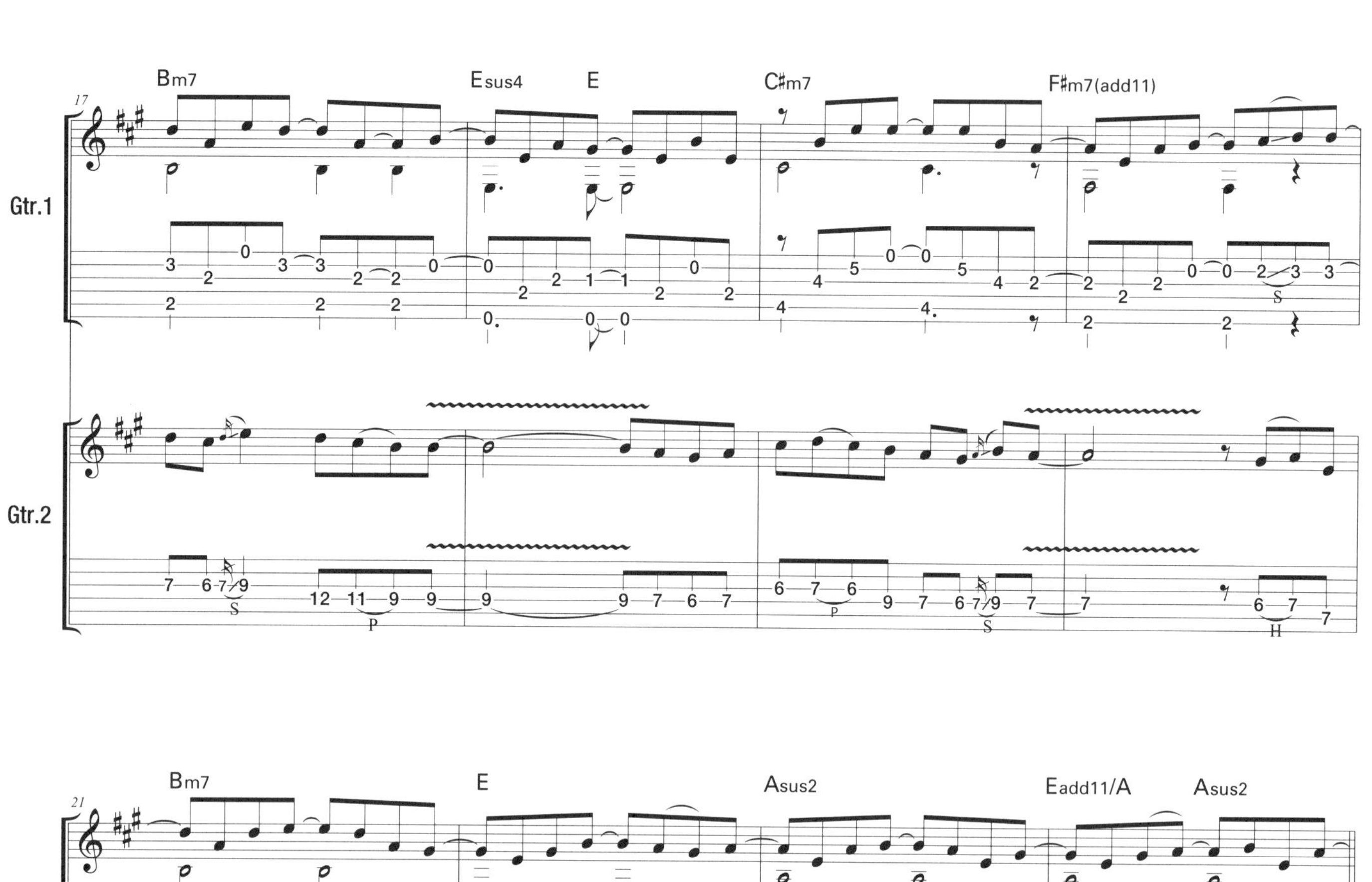

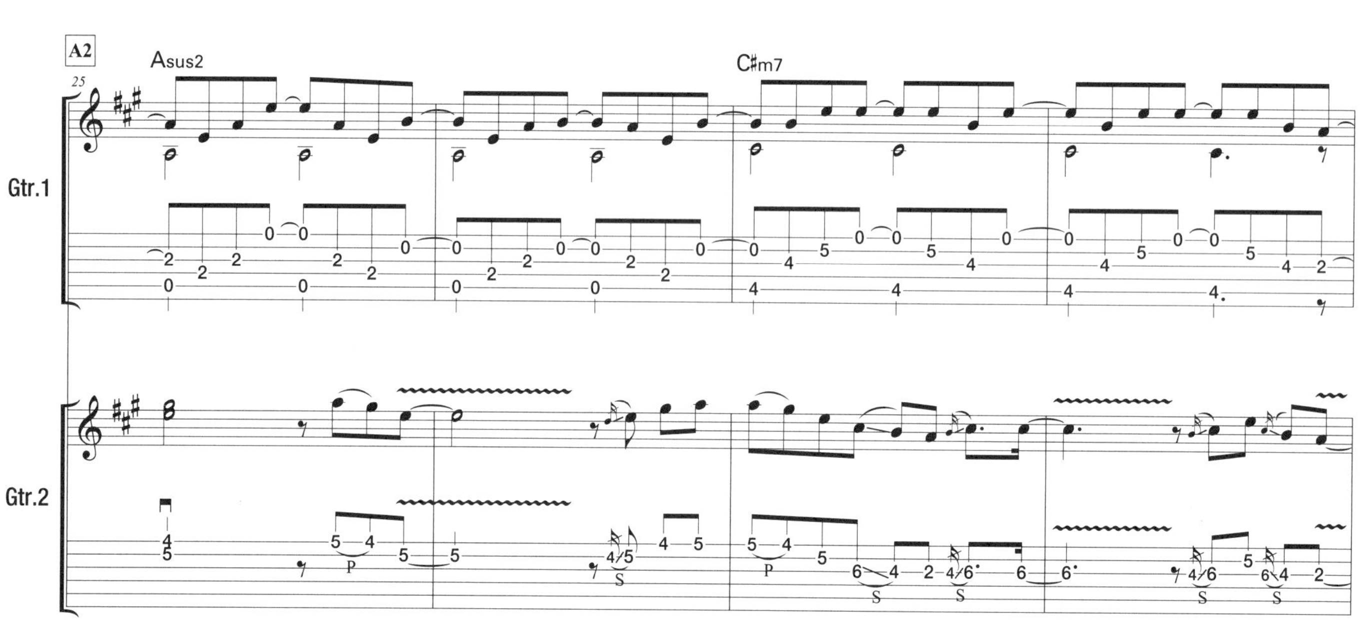

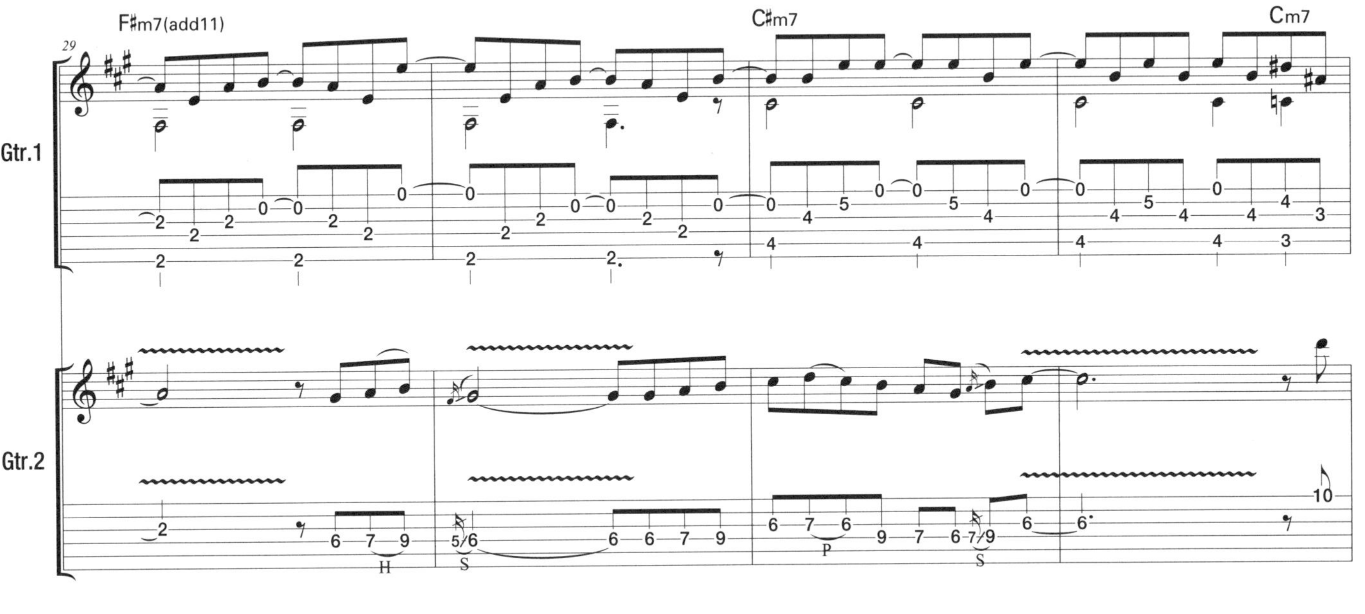

F#m7(add11)
C#m7
Cm7
Gtr.1
Gtr.2

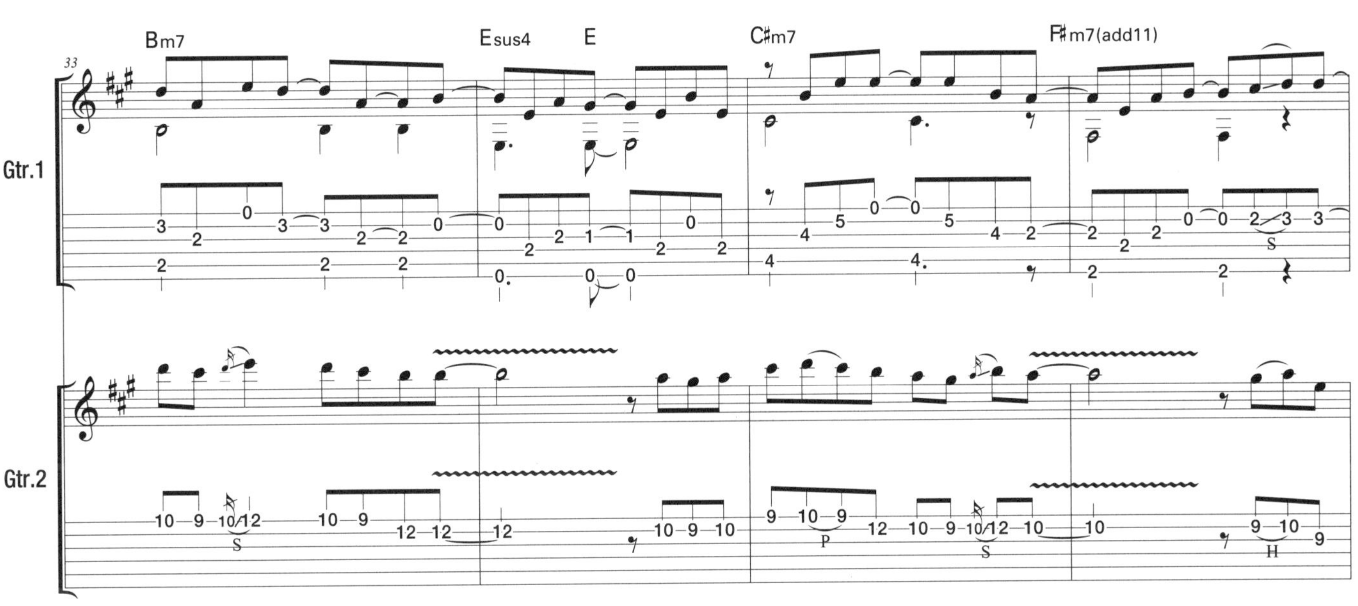

Bm7
Esus4
E
C#m7
F#m7(add11)
Gtr.1
Gtr.2

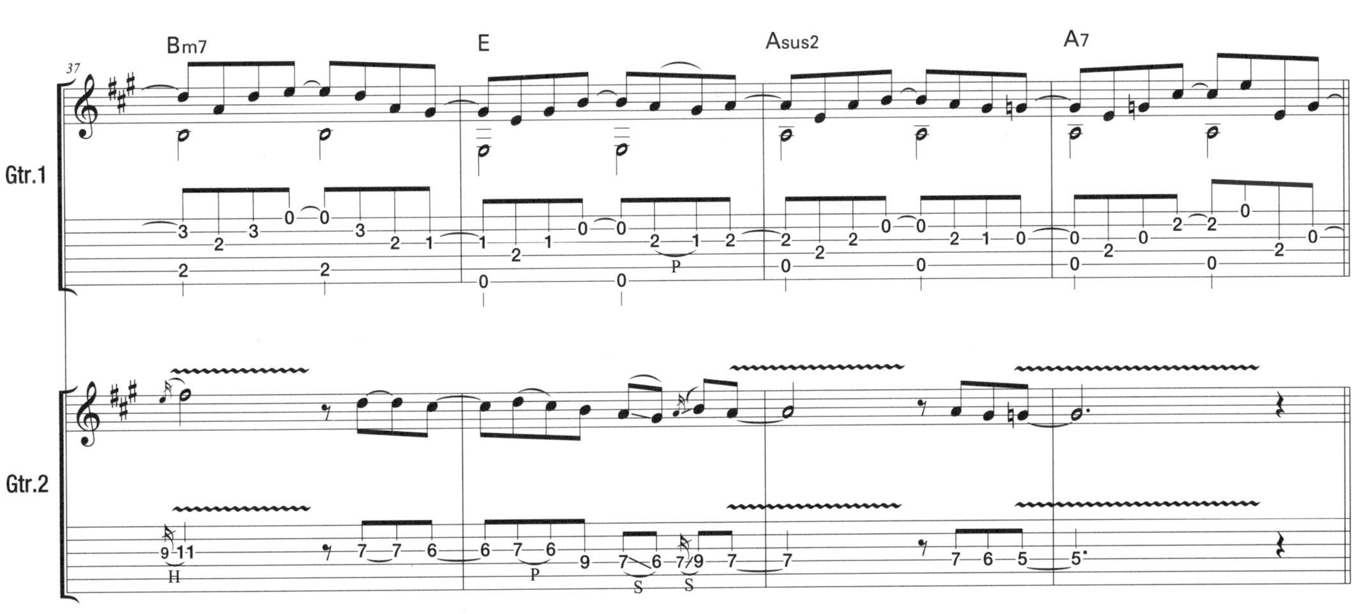

Bm7
E
Asus2
A7
Gtr.1
Gtr.2
Stars

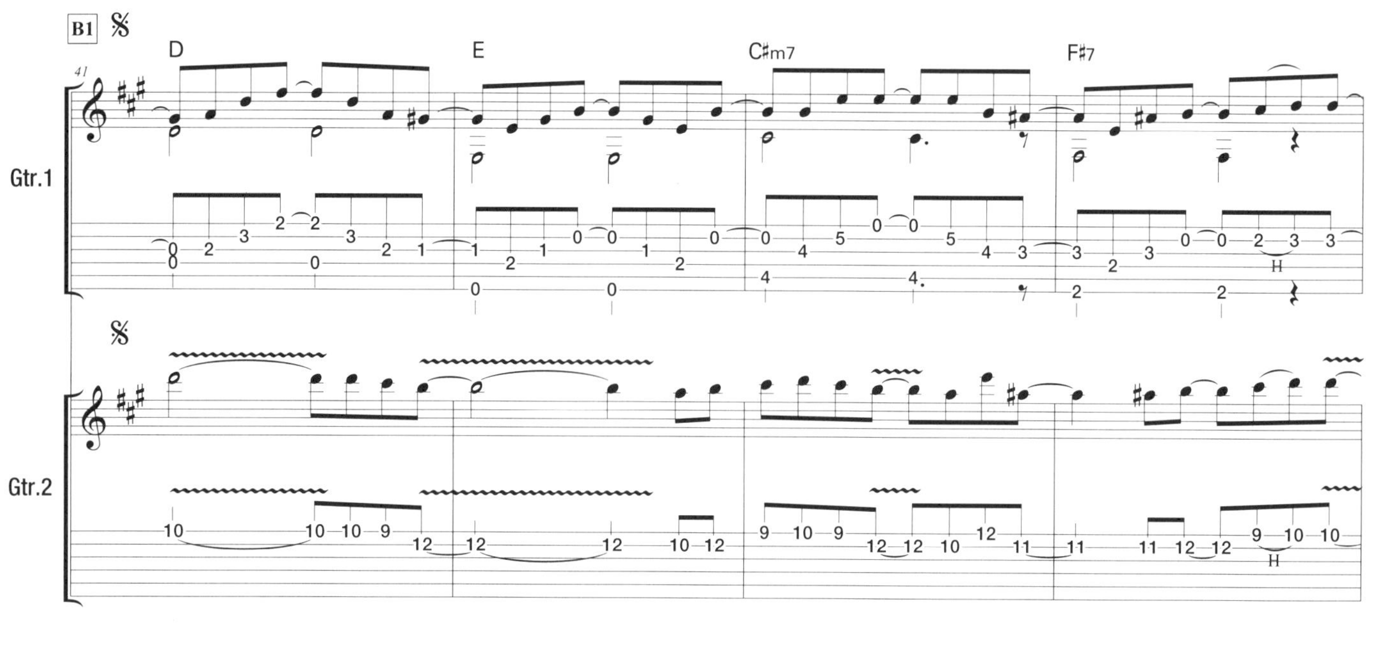

B1
D
E
C#m7
F#7
Gtr.1
Gtr.2

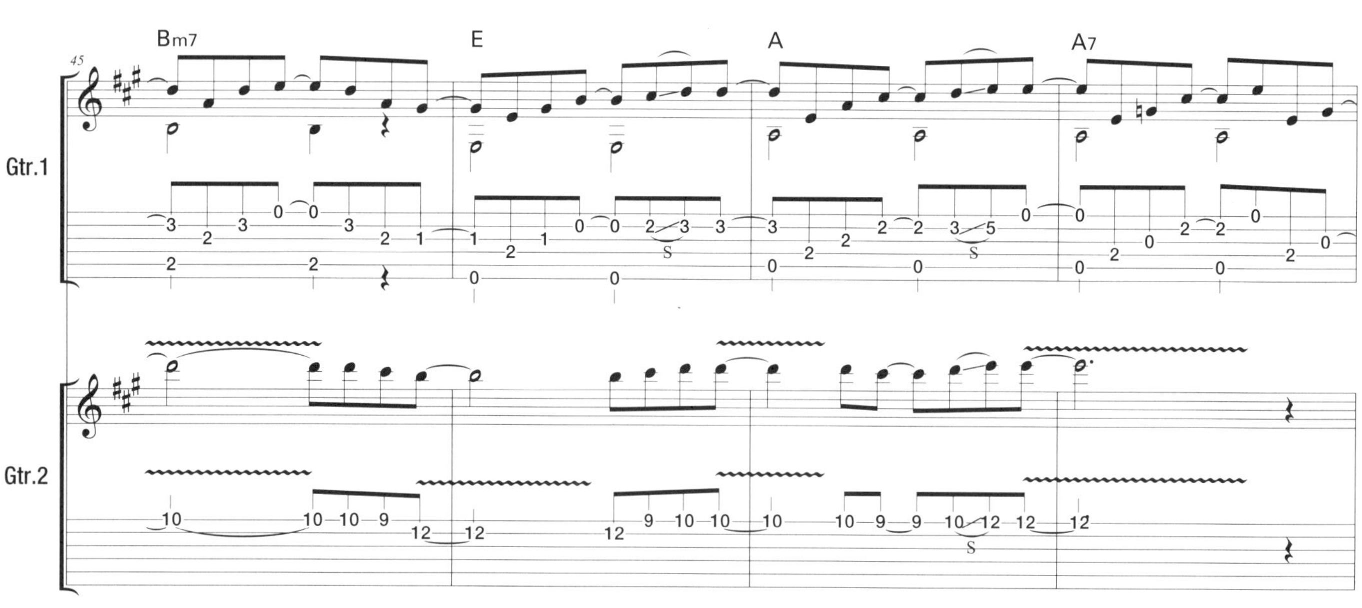

Bm7
E
A
A7
Gtr.1
Gtr.2

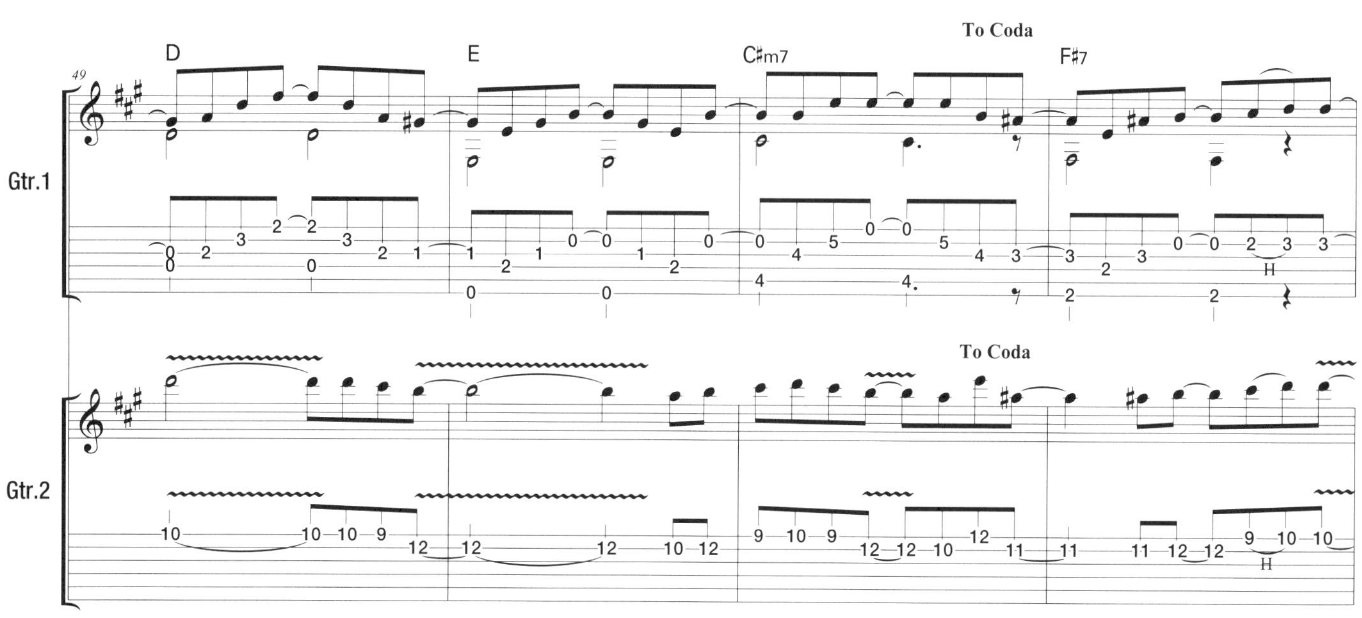

D
E
C#m7
To Coda
F#7
Gtr.1
To Coda
Gtr.2

Bridge
Bm7
E
Asus2
Dadd9/A
E/A
Dadd9/A
Gtr.1
Gtr.2

A3
Amaj7
Dadd9/A
Esus4
E
Asus2
Gtr.1
Gtr.2

C#m7
F#m7(add11)
Gtr.1
Gtr.2

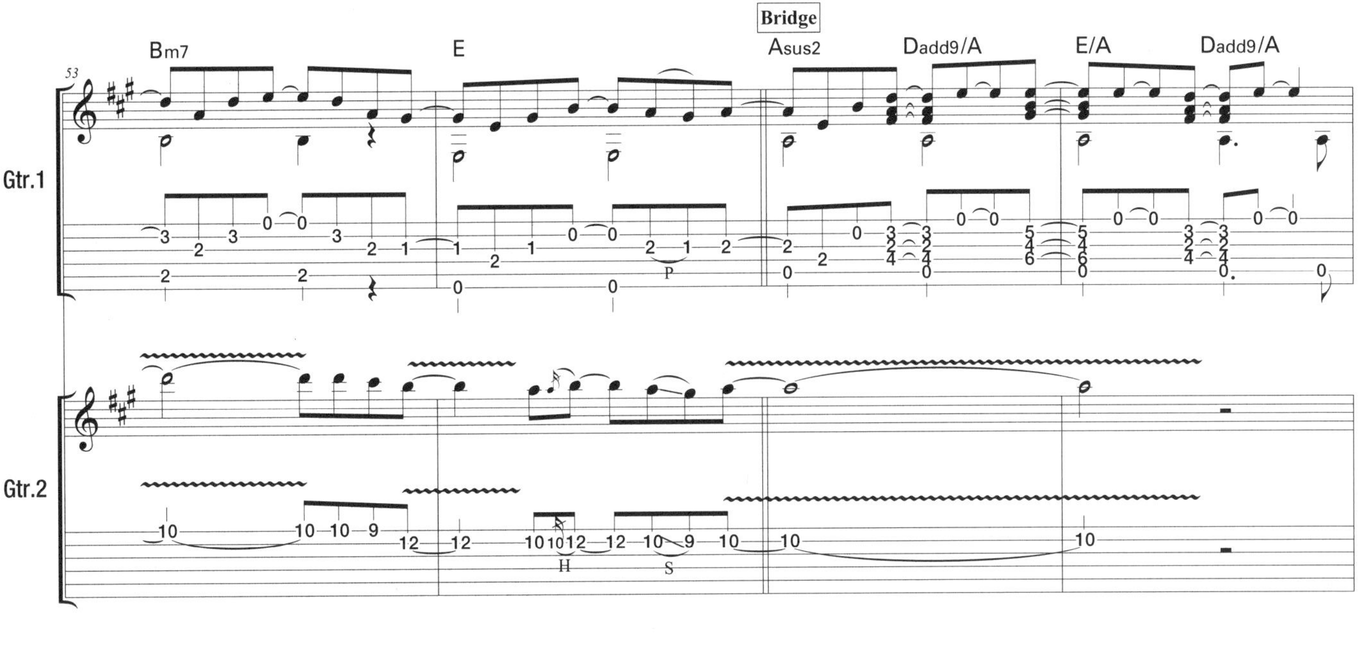

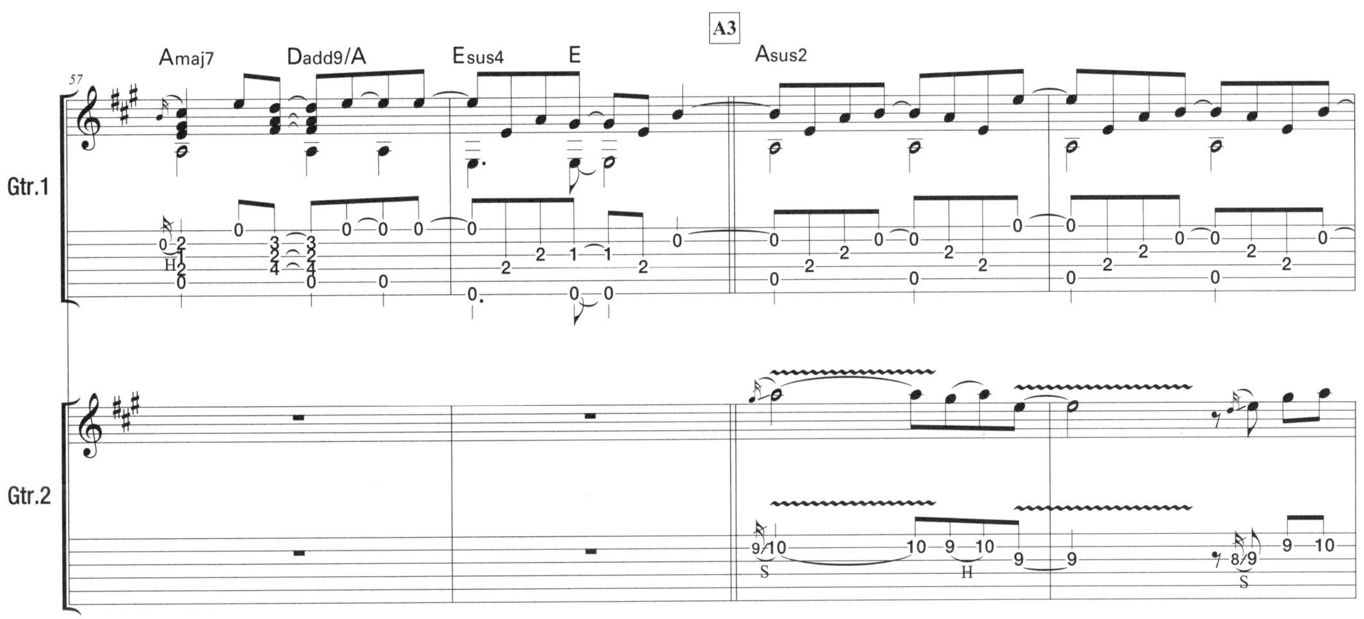

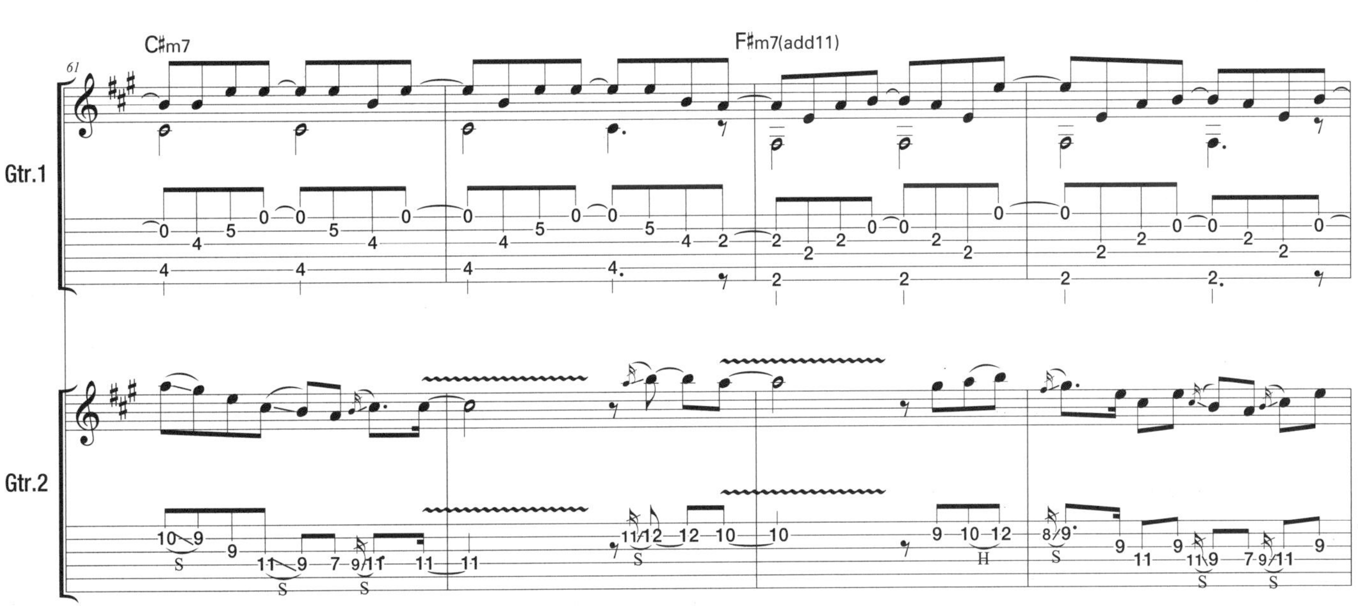

Stars

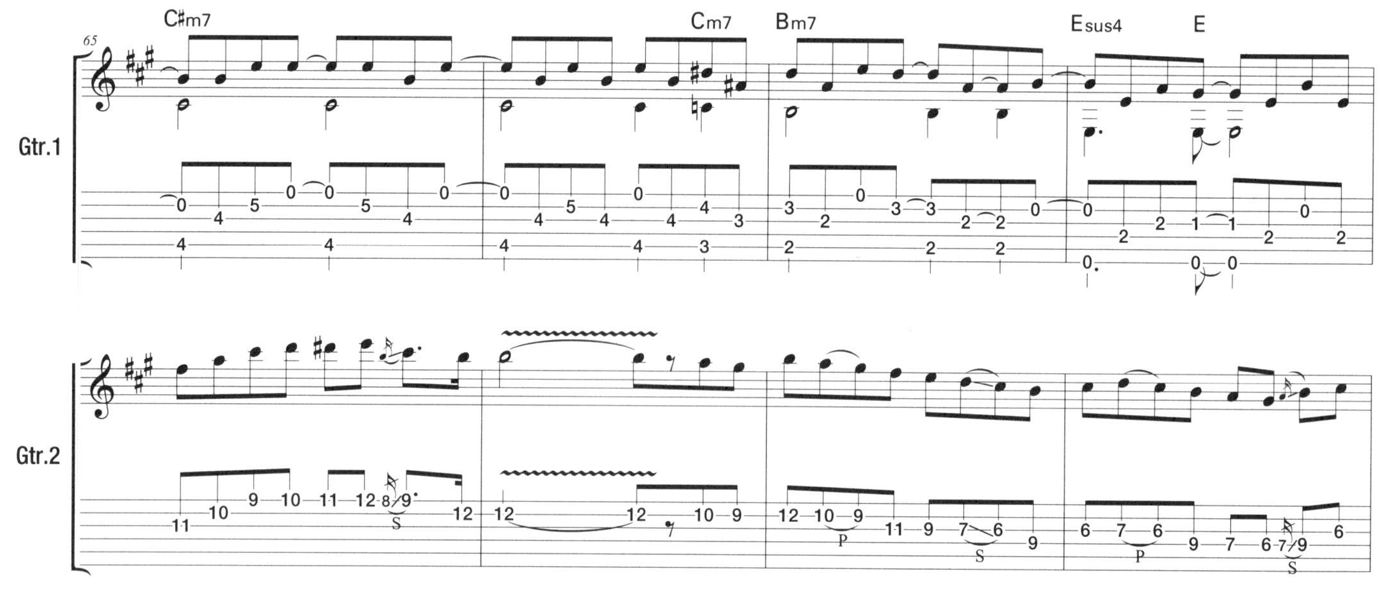
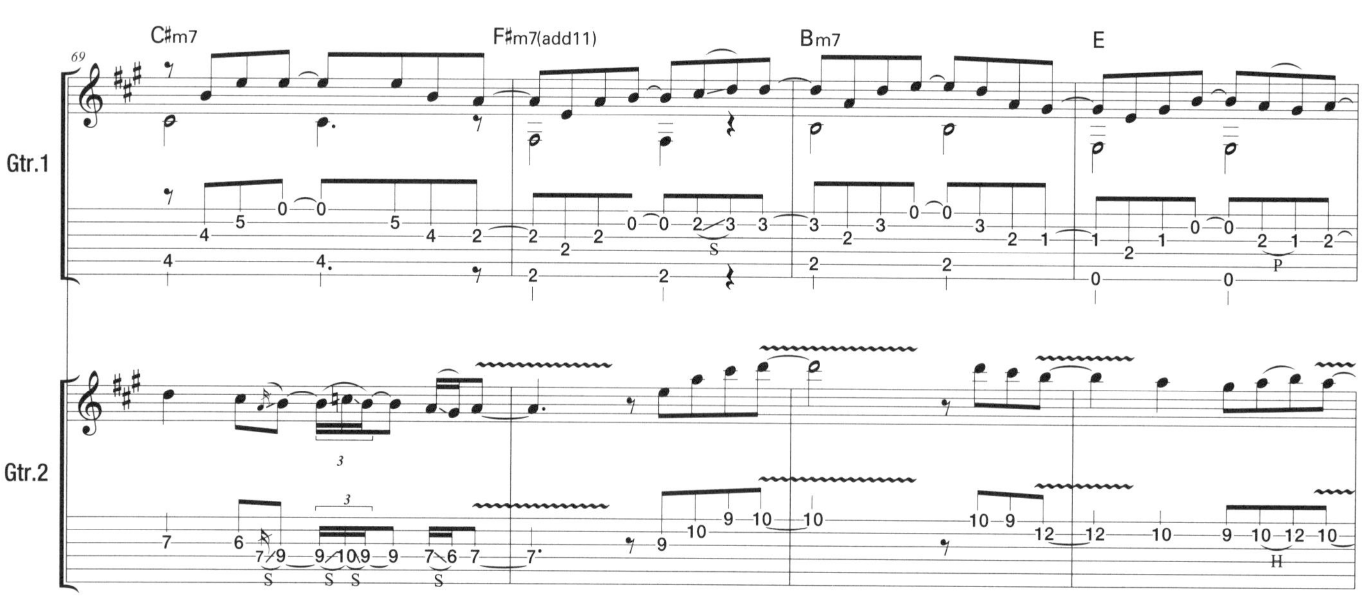
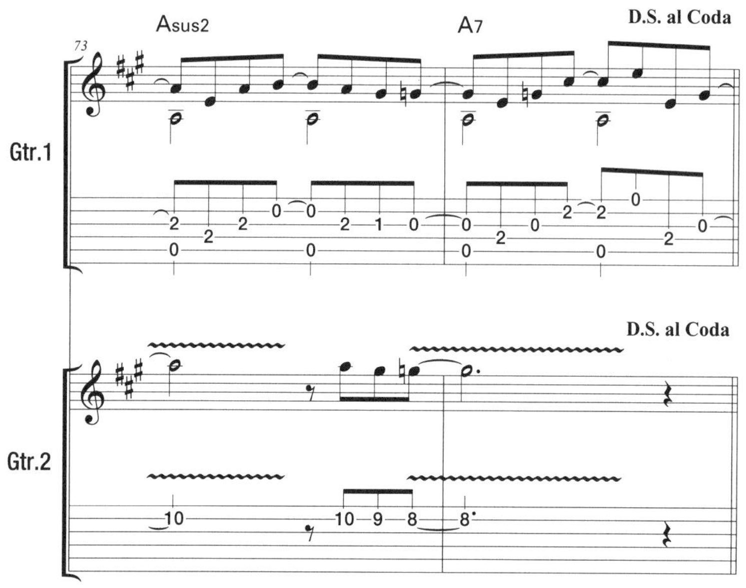

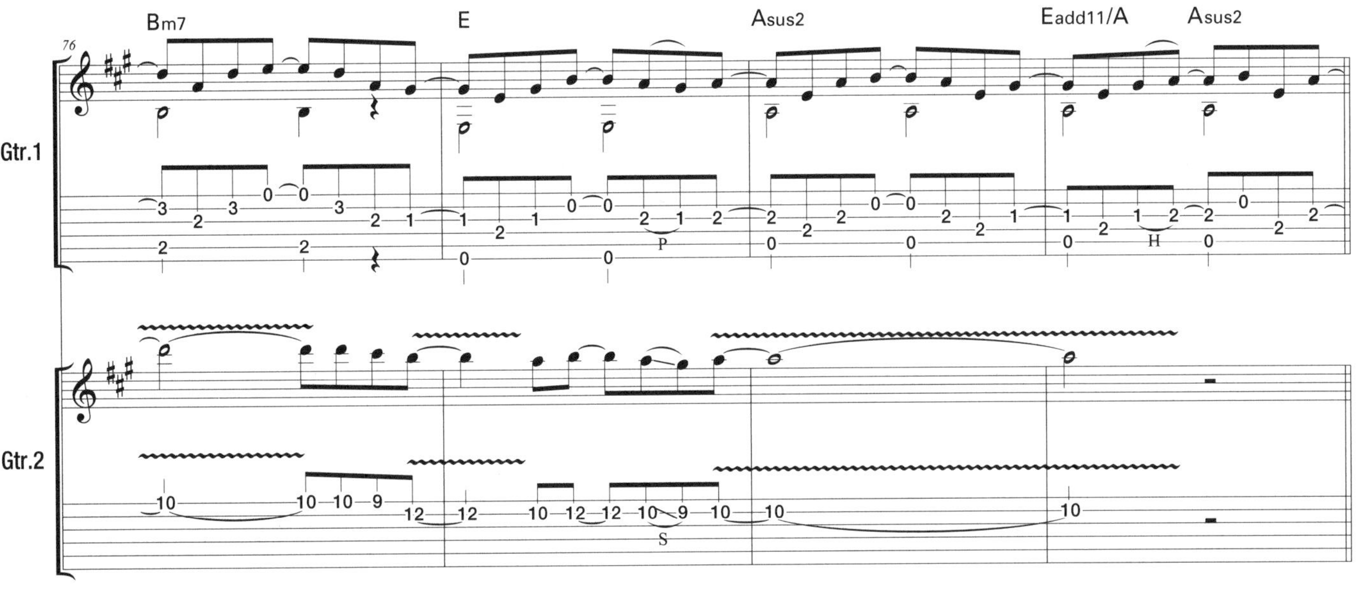

Bm7
E
Asus2
Eadd11/A
Asus2
Gtr.1
Gtr.2

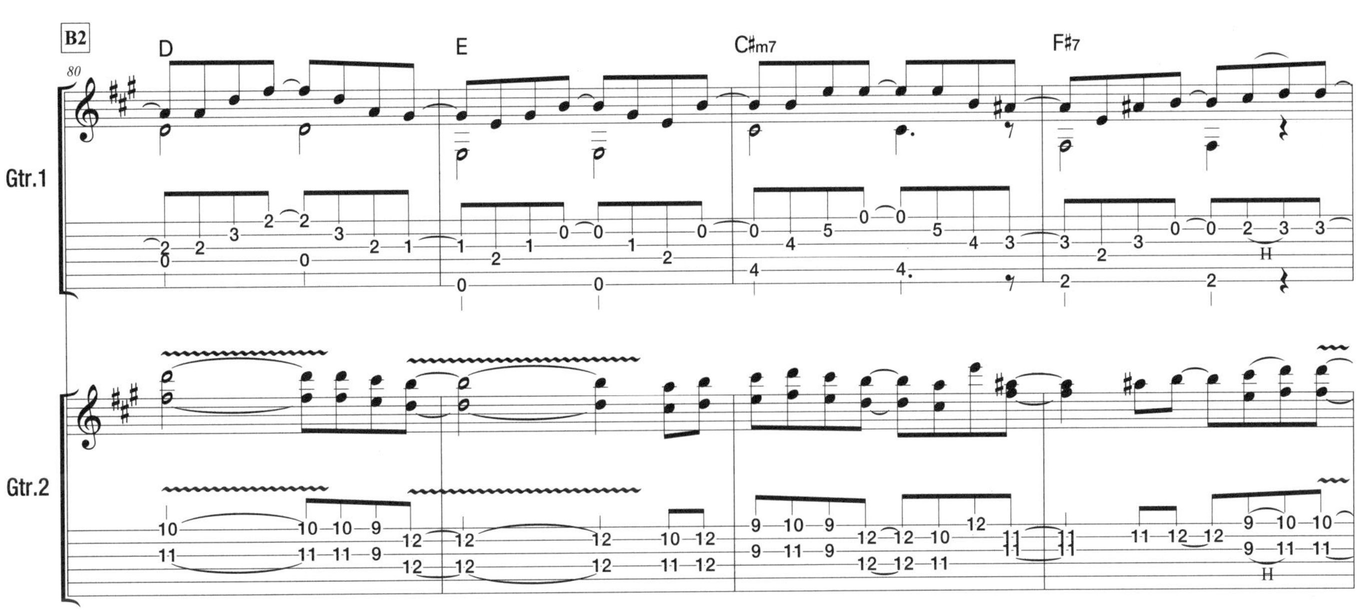

B2
D
E
C#m7
F#7
Gtr.1
Gtr.2

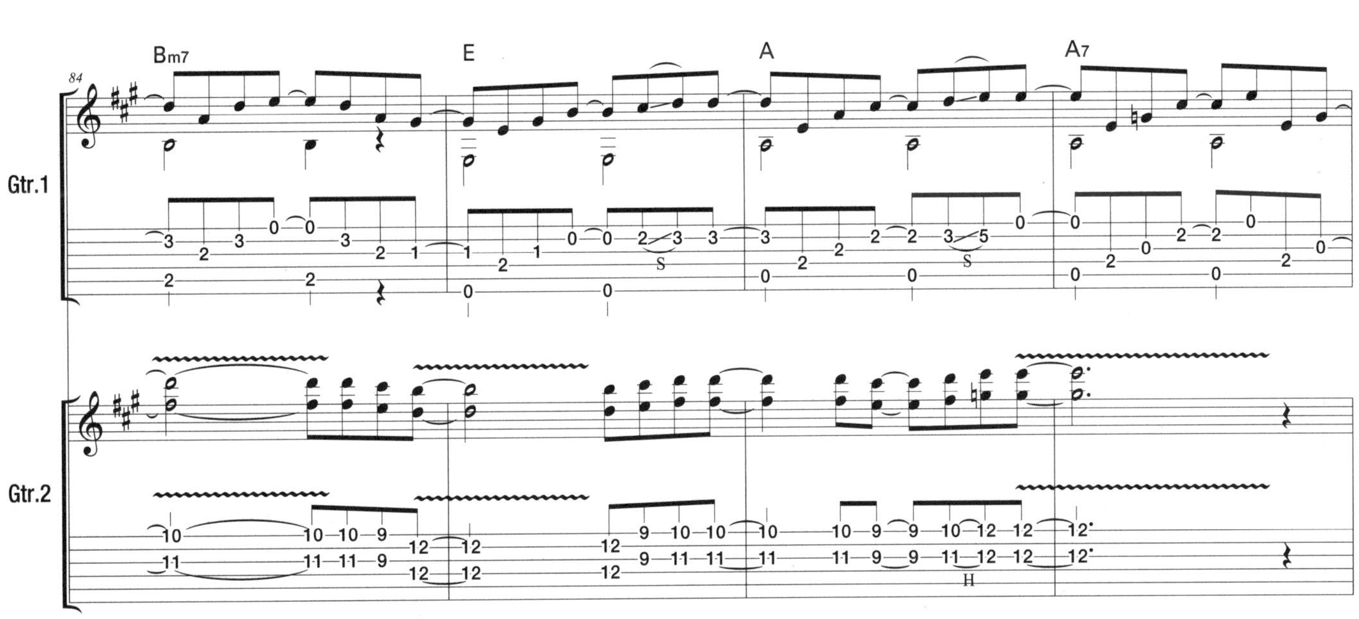

Bm7
E
A
A7
Gtr.1
Gtr.2
Stars

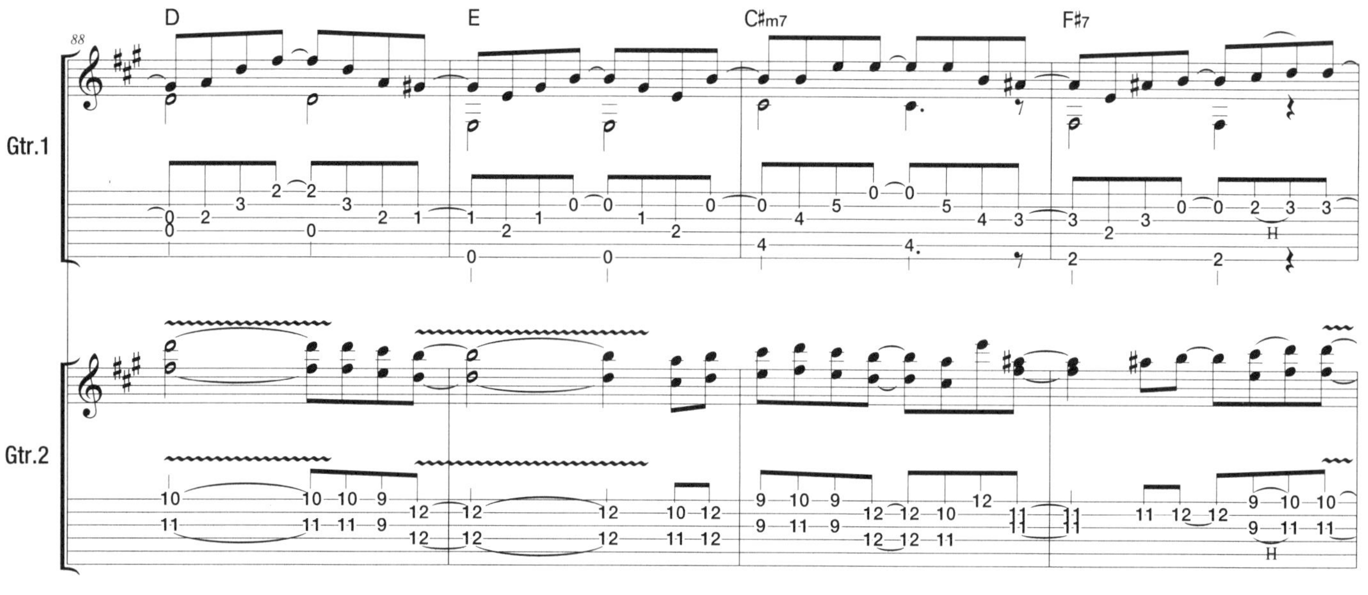
D
E
C#m7
F#7
88
Gtr.1
Gtr.2

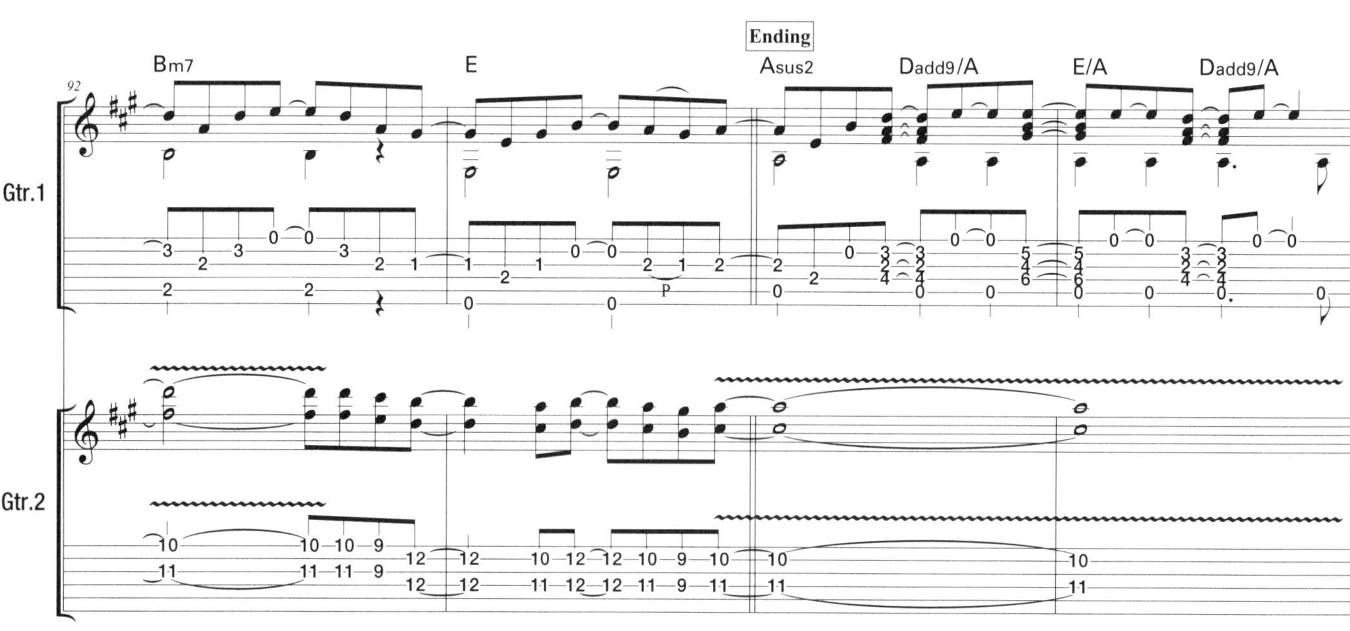
Bm7
E
Ending
Asus2
Dadd9/A
E/A
Dadd9/A
92
Gtr.1
Gtr.2

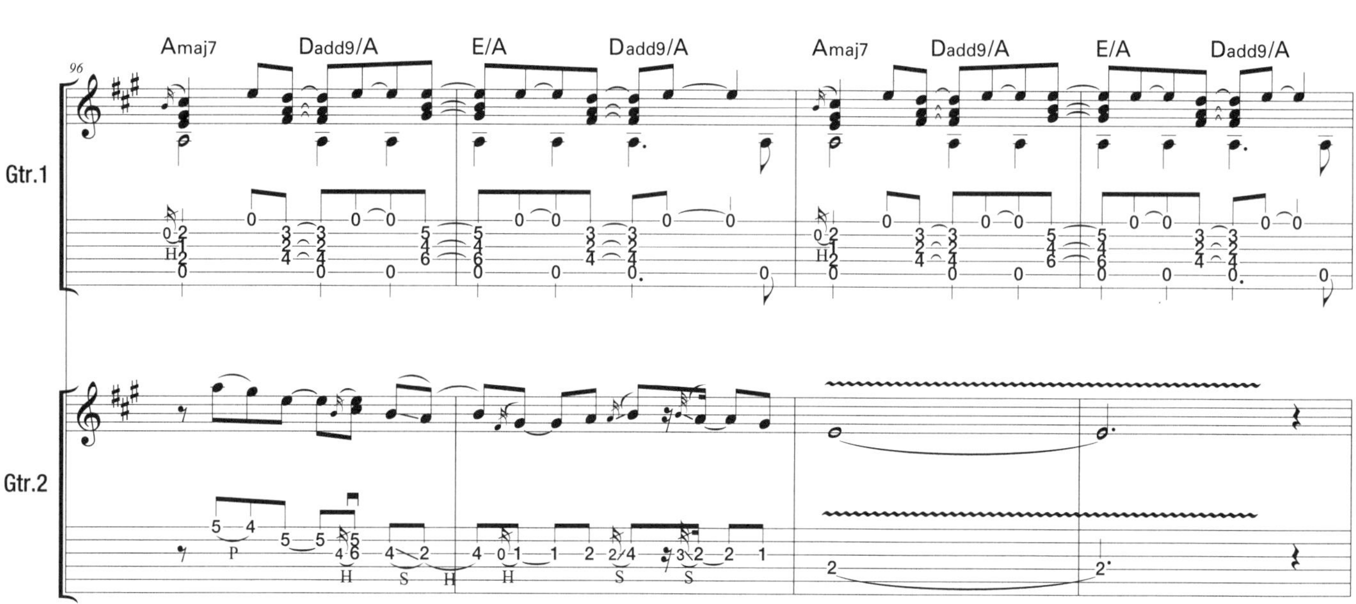
Amaj7
Dadd9/A
E/A
Dadd9/A
Amaj7
Dadd9/A
E/A
Dadd9/A
96
Gtr.1
Gtr.2

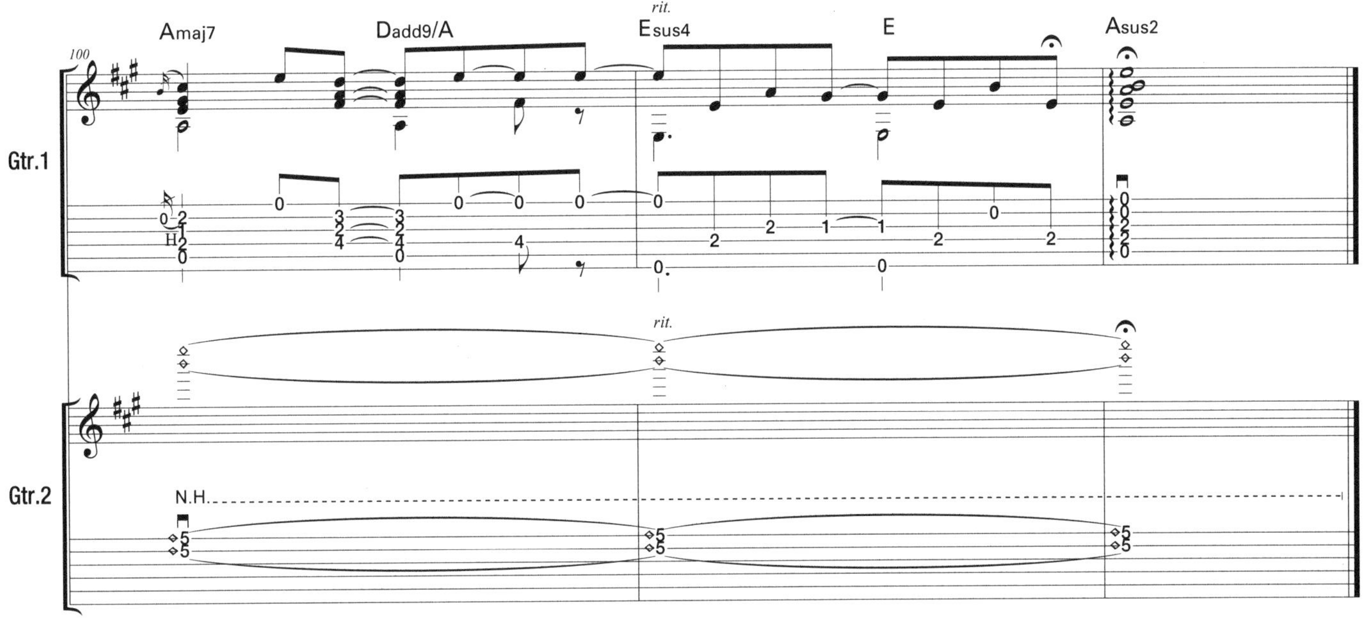

Gtr.1
Gtr.2
Amaj7
Dadd9/A
rit.
Esus4
E
Asus2
N.H.

Fairy Tale

작곡 정성하
© Sungha Jung Music

성하의 한 마디

이 곡은…

어릴 적 누구나 읽은 흔하디 흔한 동화, 하지만 우리는 그 뻔한 스토리에 빠져서 울고 웃었지요. 이 곡을 들으시는 동안은 잠시나마 그 추억 속에 빠져볼 수 있으면 좋겠어요.

연주포인트

이곡은 3박자의 왈츠예요. 춤을 추는 듯한 상쾌함이 있는 리듬이지요. 사분사분히 이 리듬을 잘 지키며 연주하면 곡의 분위기를 잘 살릴 수 있으실 거예요.

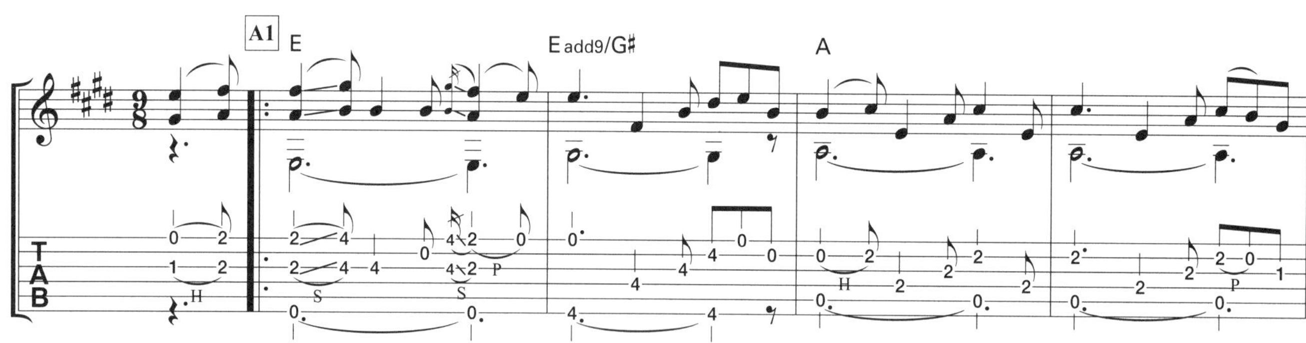

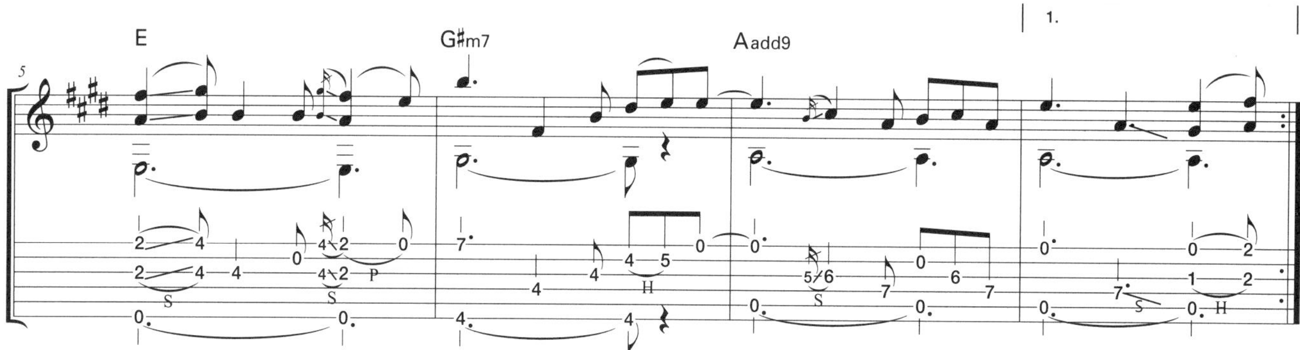

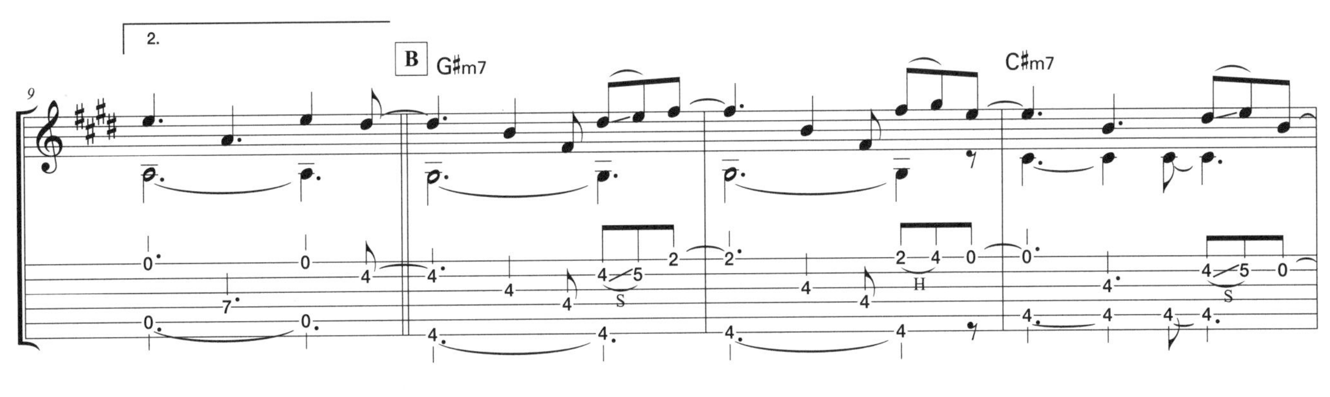

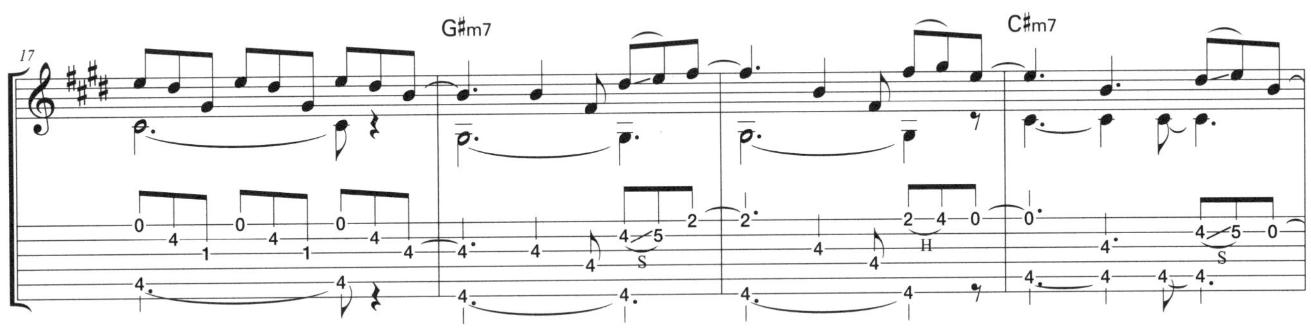
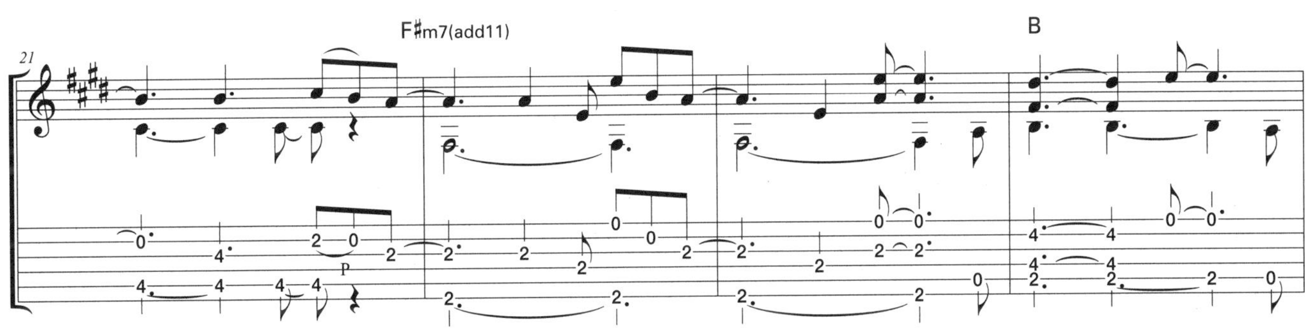

Fairy Tale

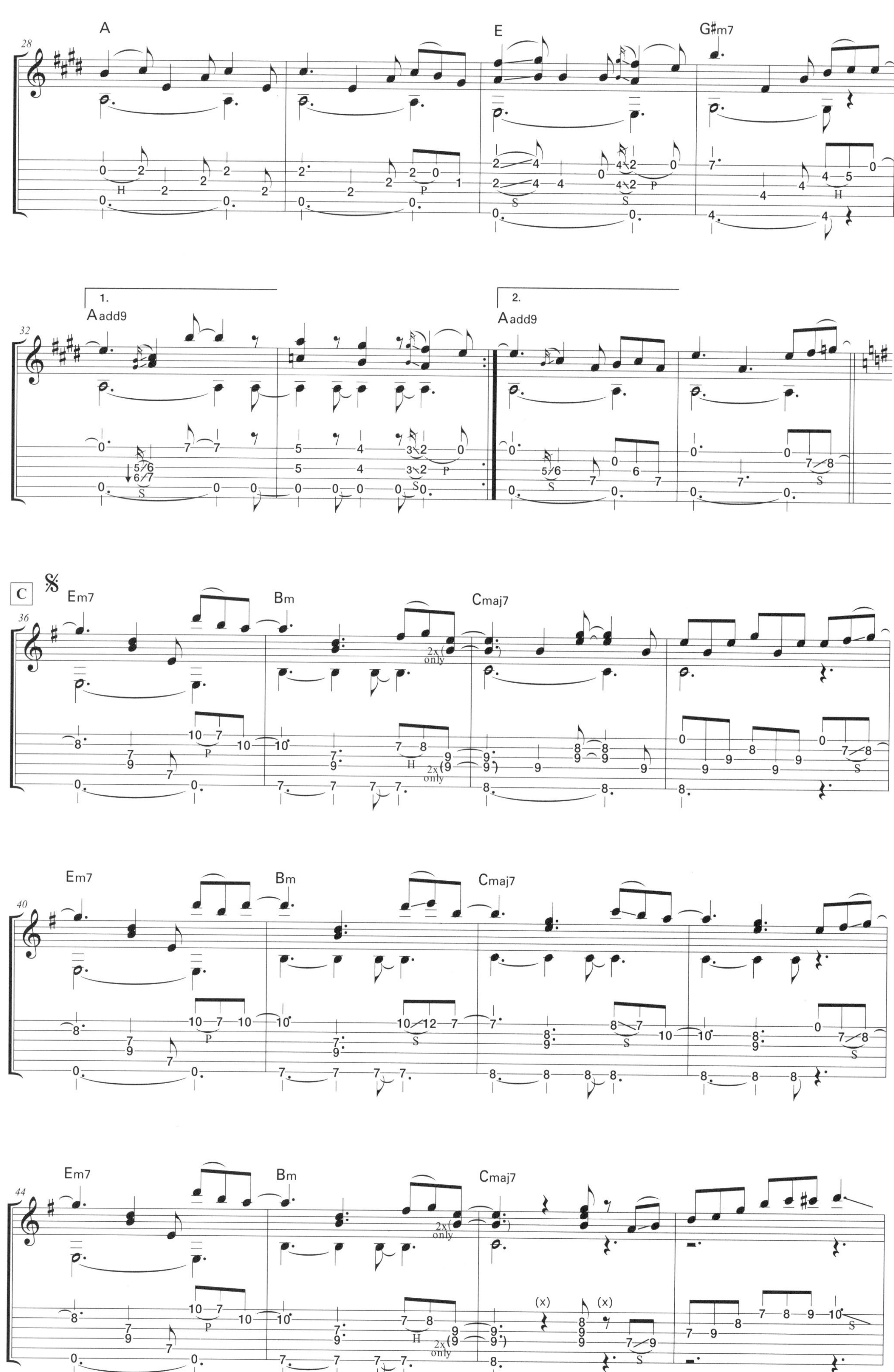

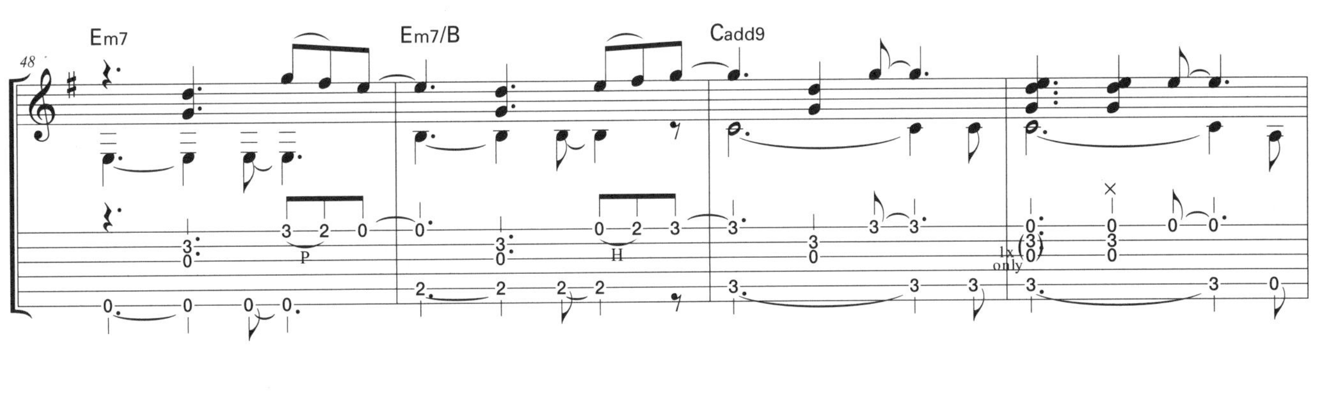

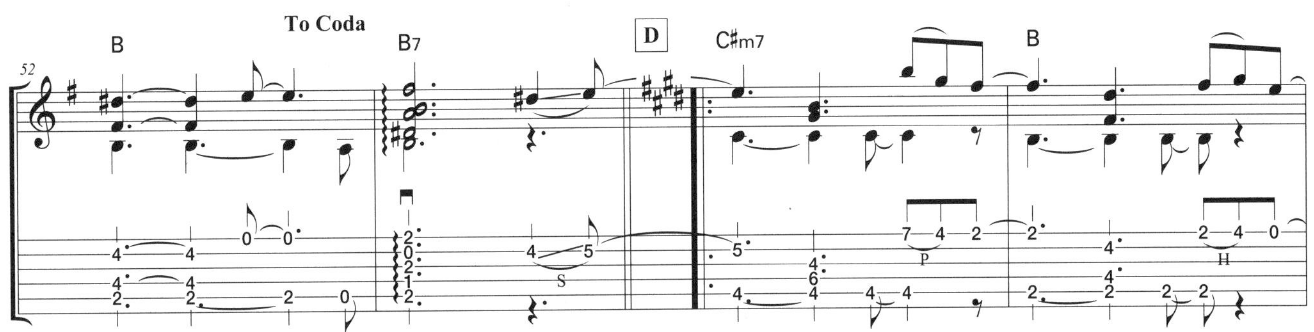

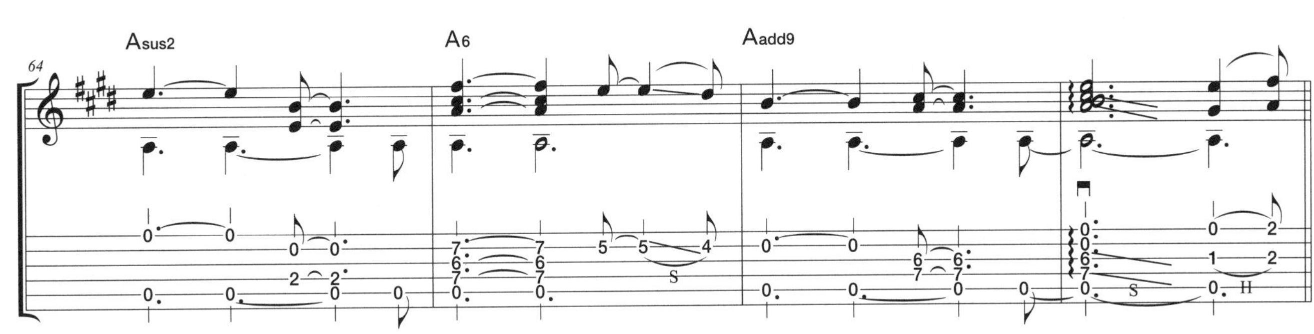

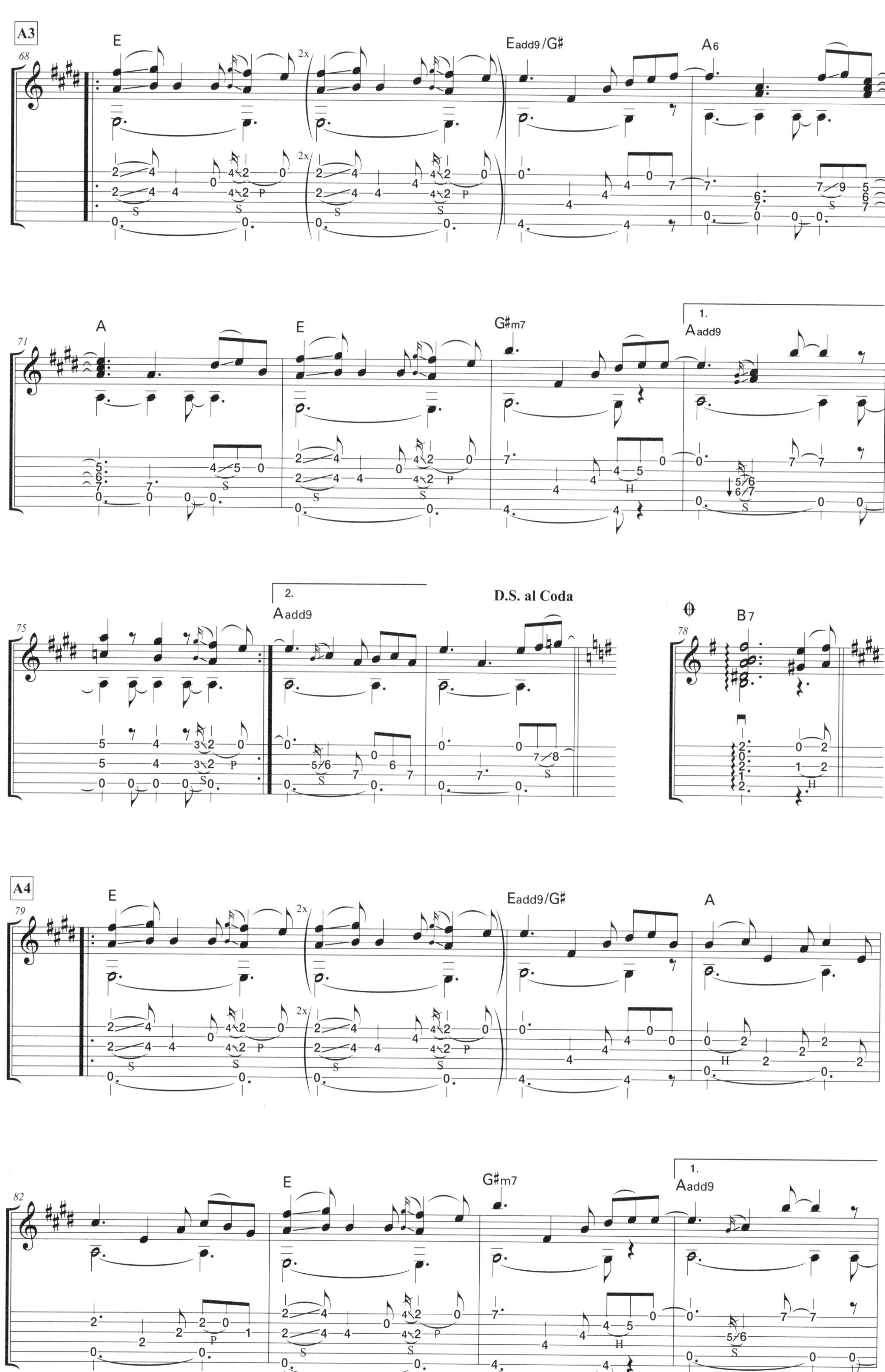

A3
68
E
2x
Eadd9/G#
A6
A
71
E
G#m7
1.
Aadd9
2.
Aadd9
D.S. al Coda
B7
78
A4
79
E
2x
Eadd9/G#
A
82
E
G#m7
1.
Aadd9

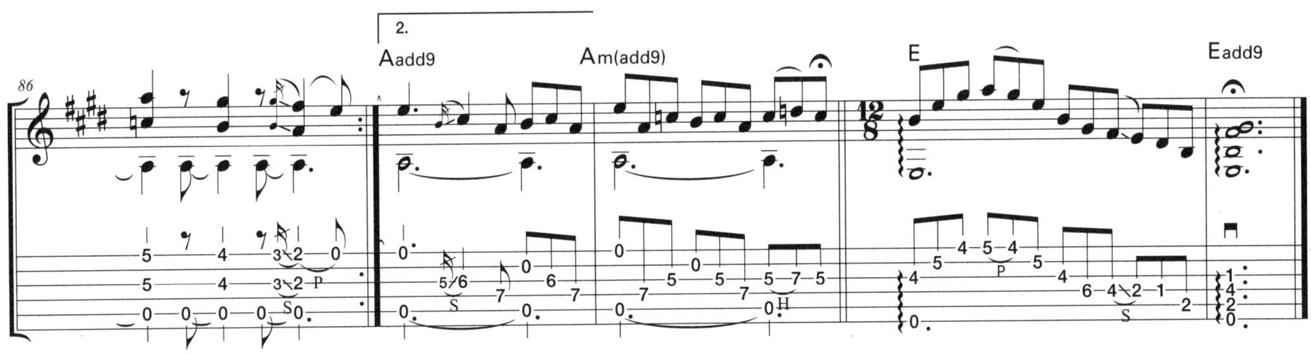
2.
Aadd9
Am(add9)
E
Eadd9

Late Autumn

작곡 정성하
© Sungha Jung Music

이 곡은…

언제 왔는지도 모르게 슬쩍 지나간 가을의 끝. 이젠 다 떨어져버린 가로수를 바라보며 곧 찾아올 겨울을 준비한다…. 언제나 가을은 너무 짧다는 생각이 들어요.

연주포인트

조용한 가을의 이미지를 생각하면서 연주하시면 좋아요. 중간에 마이너로 돌아서는 부분은 임팩트 있게 연주하시기 바래요. 테크닉적으로는 곡의 다이내믹만 잘 살려주면 좋을 거예요.

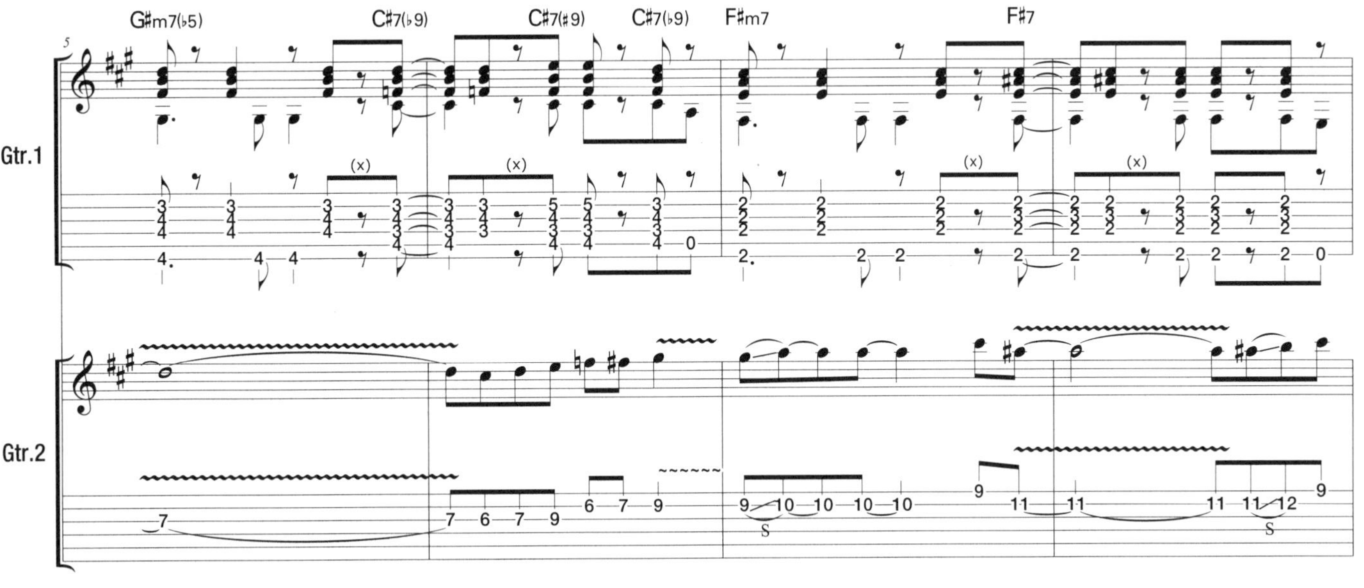

Gtr.1
Gtr.2
G#m7(♭5)
C#7(♭9)
C#7(#9)
C#7(♭9)
F#m7
F#7

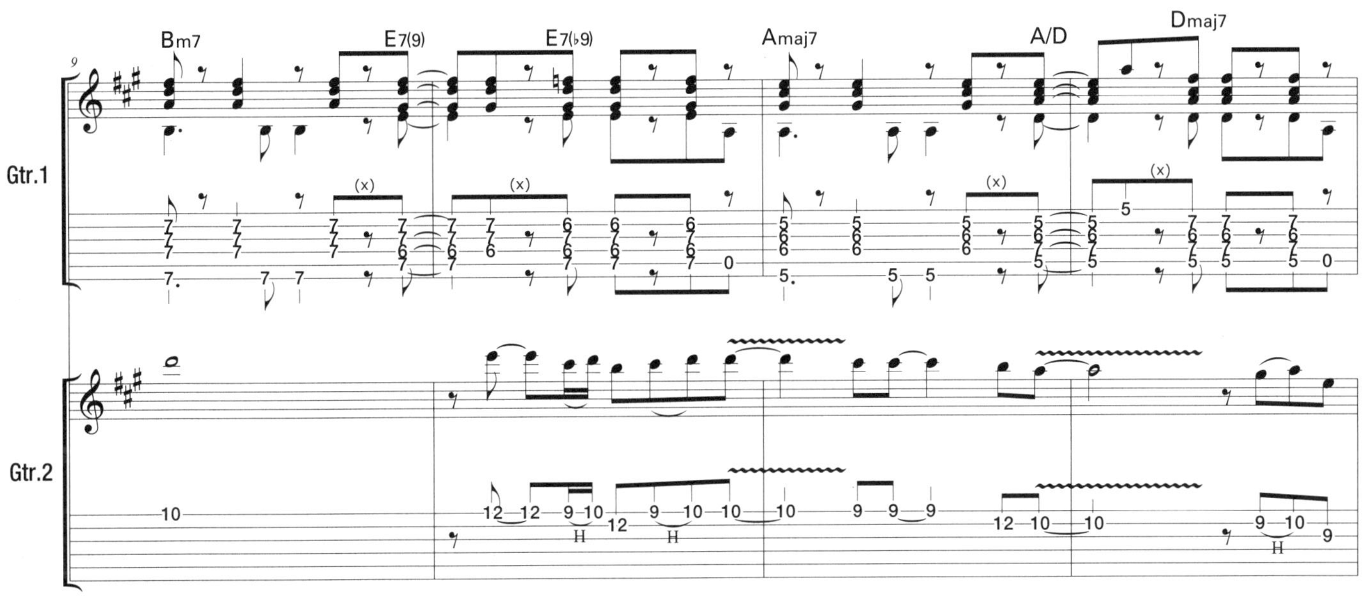

Gtr.1
Gtr.2
Bm7
E7(9)
E7(♭9)
Amaj7
A/D
Dmaj7

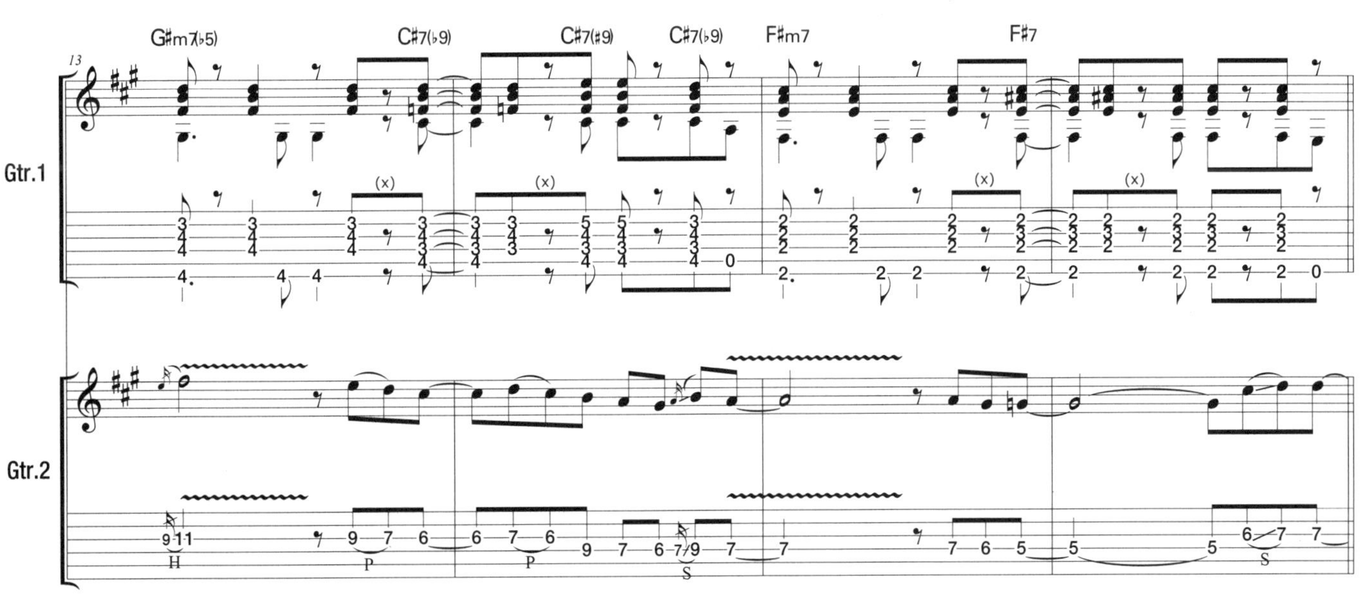

Gtr.1
Gtr.2
G#m7(♭5)
C#7(♭9)
C#7(#9)
C#7(♭9)
F#m7
F#7
Late Autumn

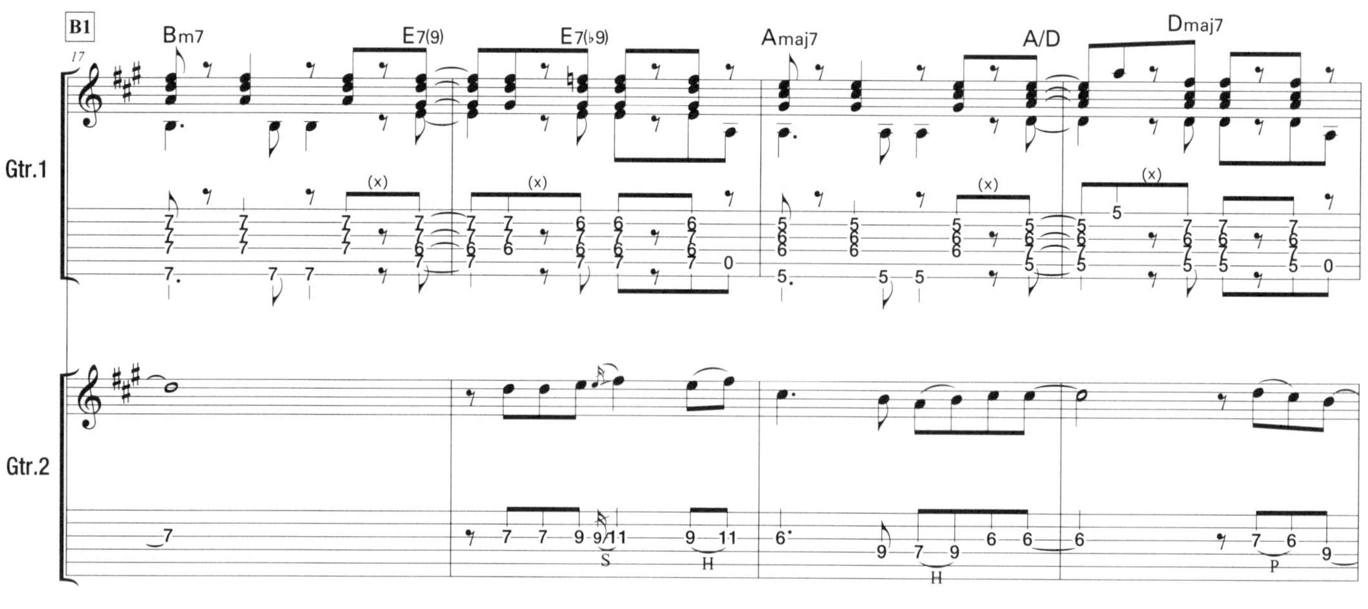

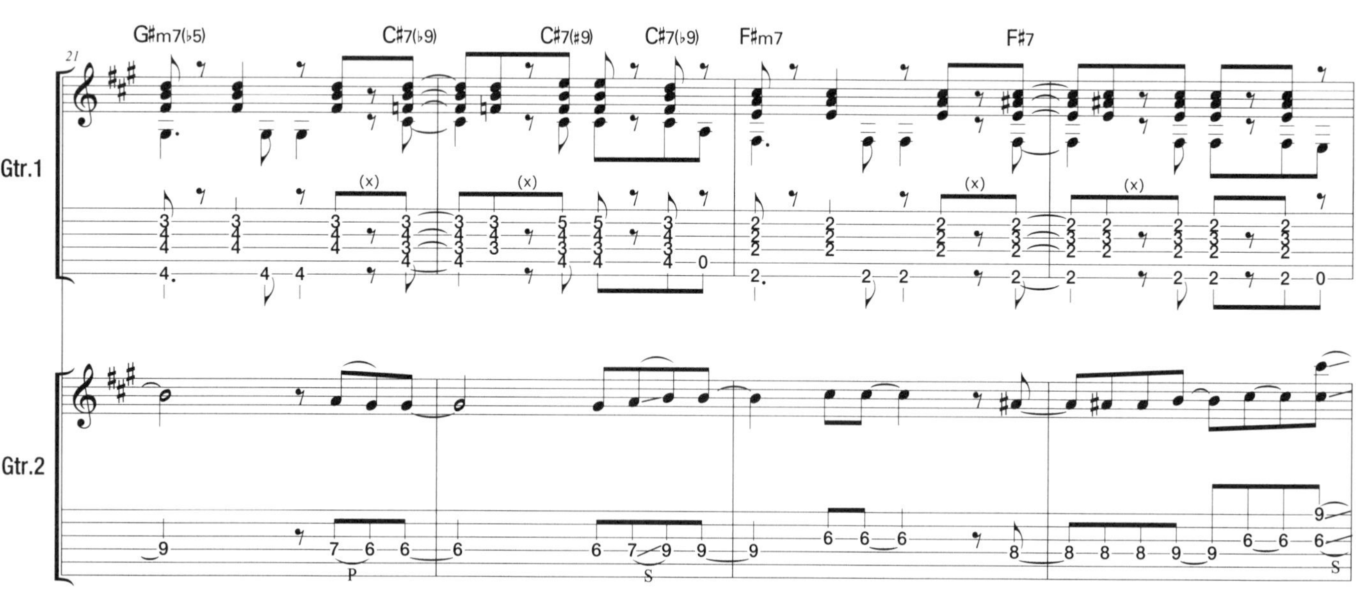

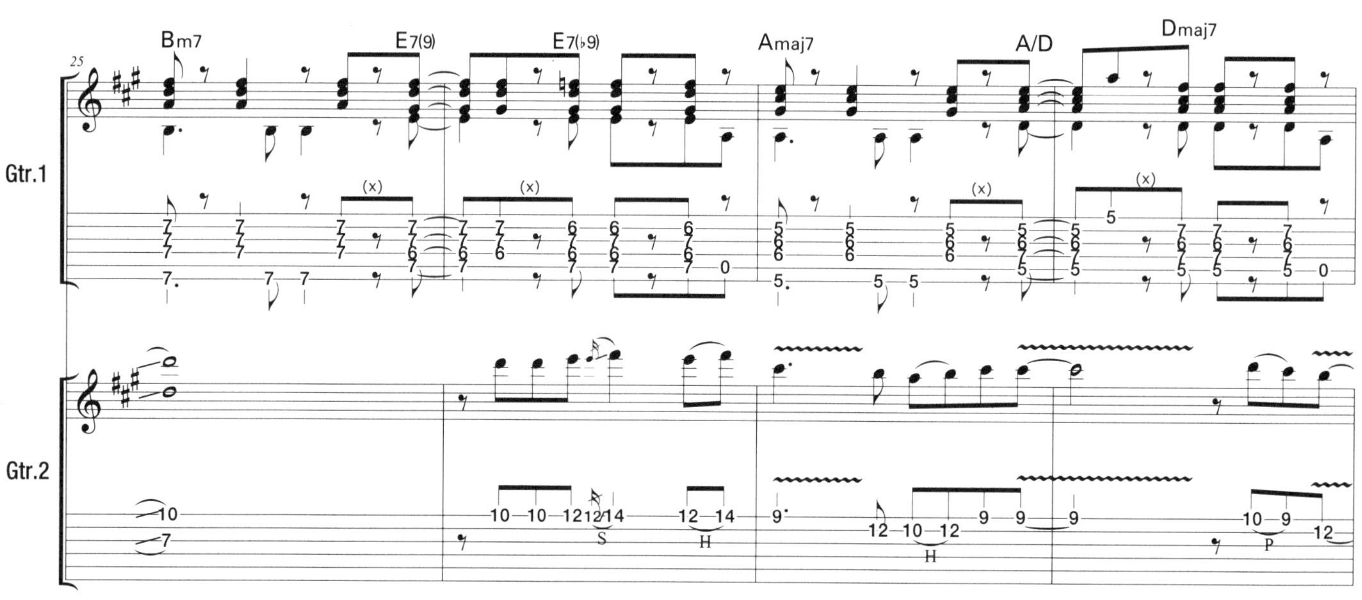

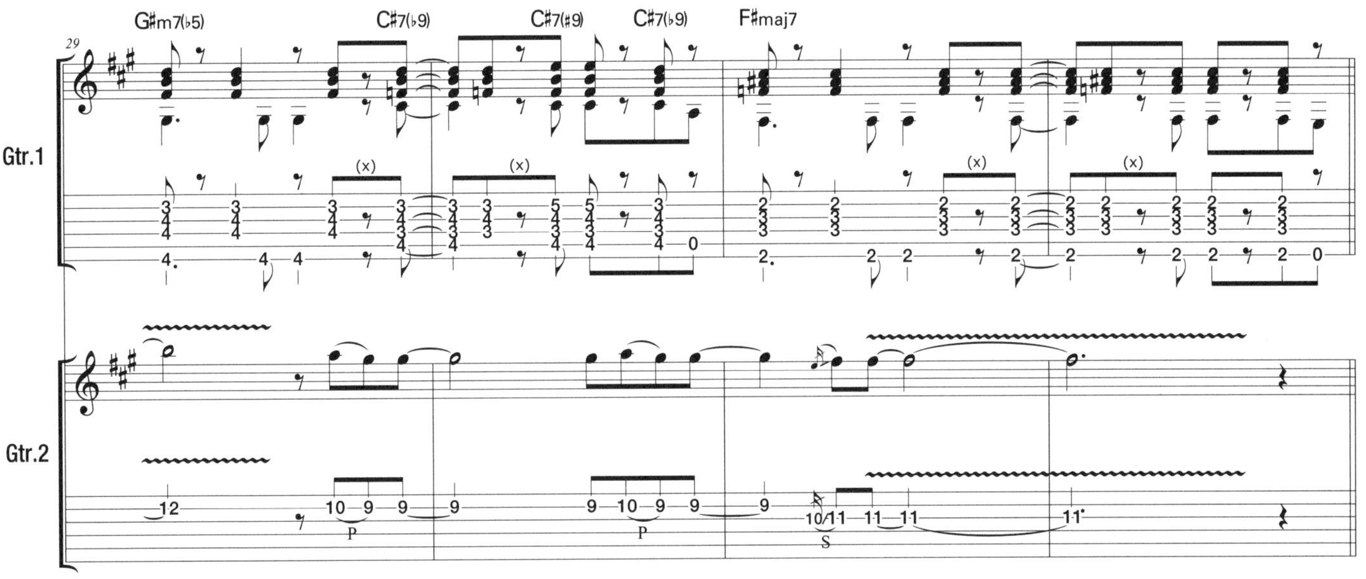

G#m7(♭5)
C#7(♭9)
C#7(♯9)
C#7(♭9)
F#maj7
Gtr.1
Gtr.2

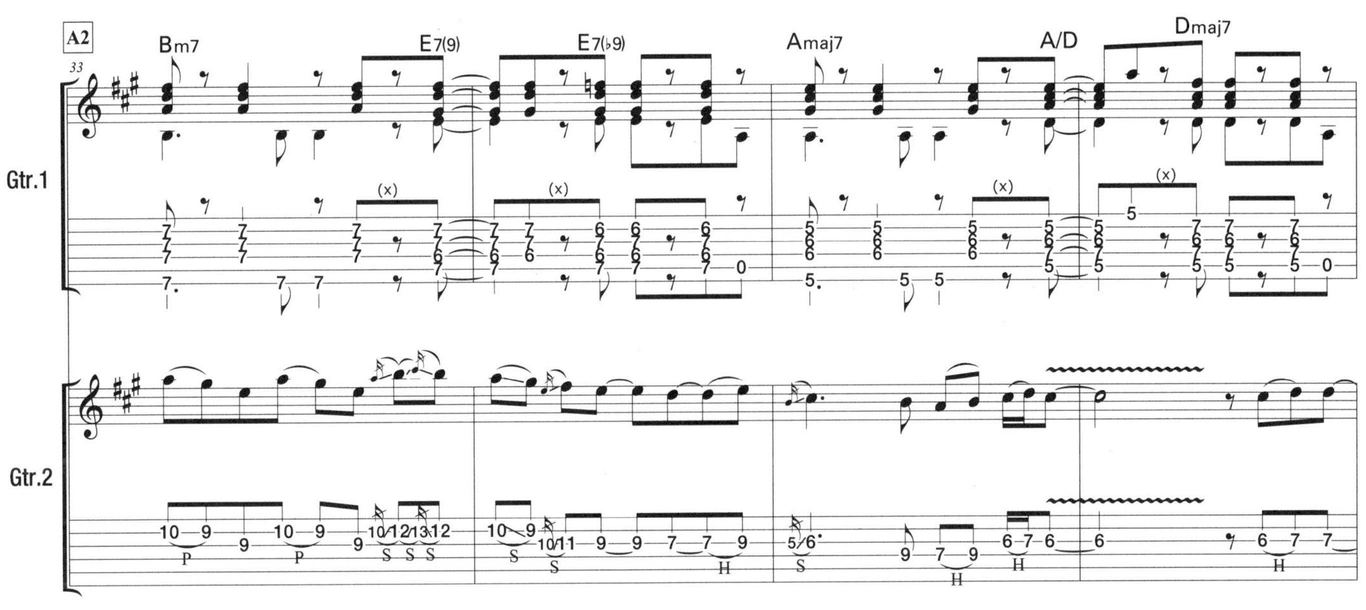

A2
Bm7
E7(9)
E7(♭9)
Amaj7
A/D
Dmaj7
Gtr.1
Gtr.2

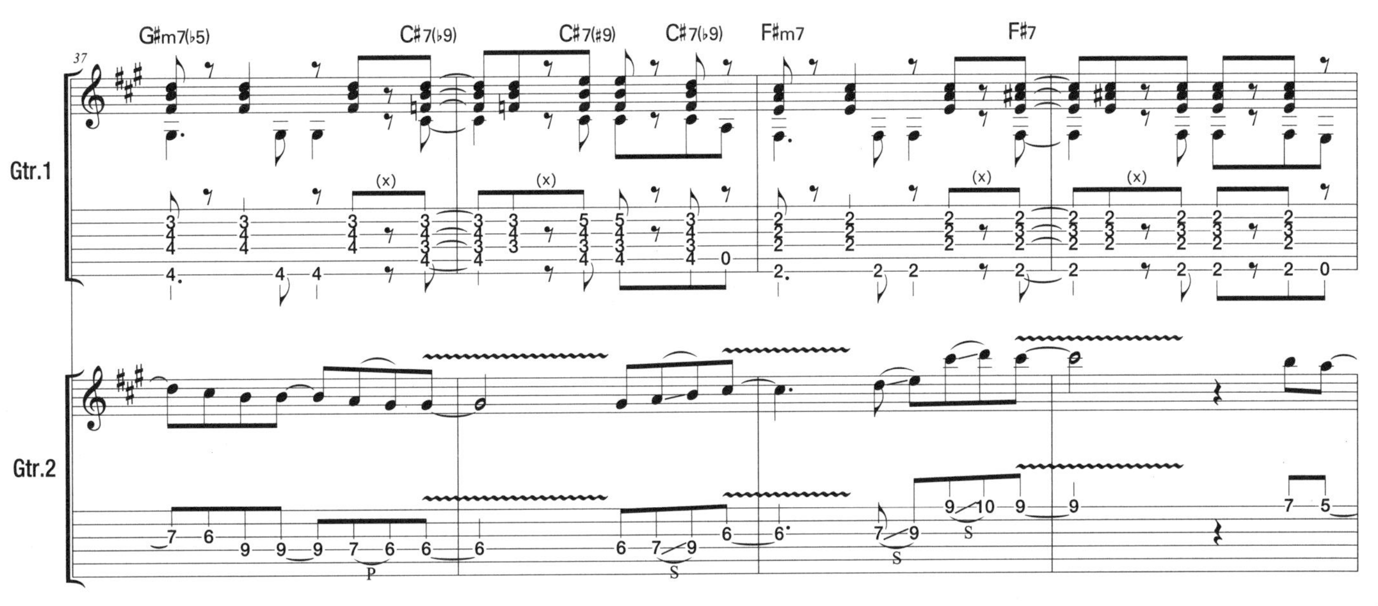

G#m7(♭5)
C#7(♭9)
C#7(♯9)
C#7(♭9)
F#m7
F#7
Gtr.1
Gtr.2
Late Autumn

Bm7
E7(9)
E7(♭9)
Amaj7
A/D
Dmaj7
Gtr.1
Gtr.2

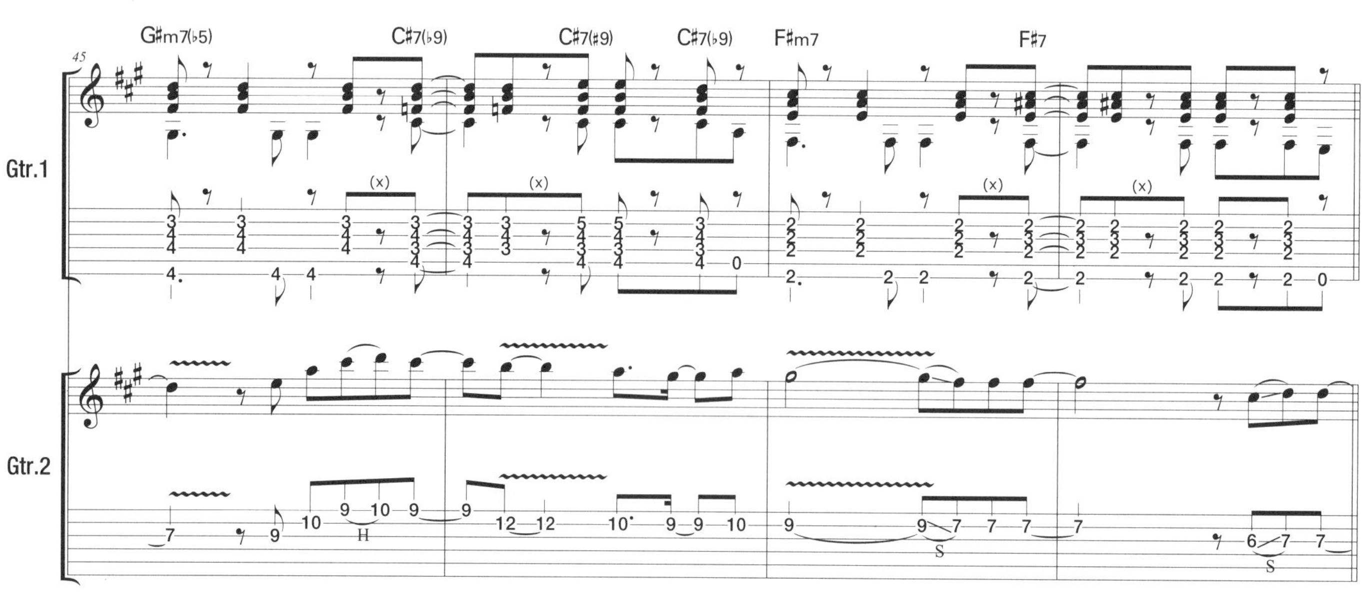

G#m7(♭5)
C#7(♭9)
C#7(#9)
C#7(♭9)
F#m7
F#7
Gtr.1
Gtr.2

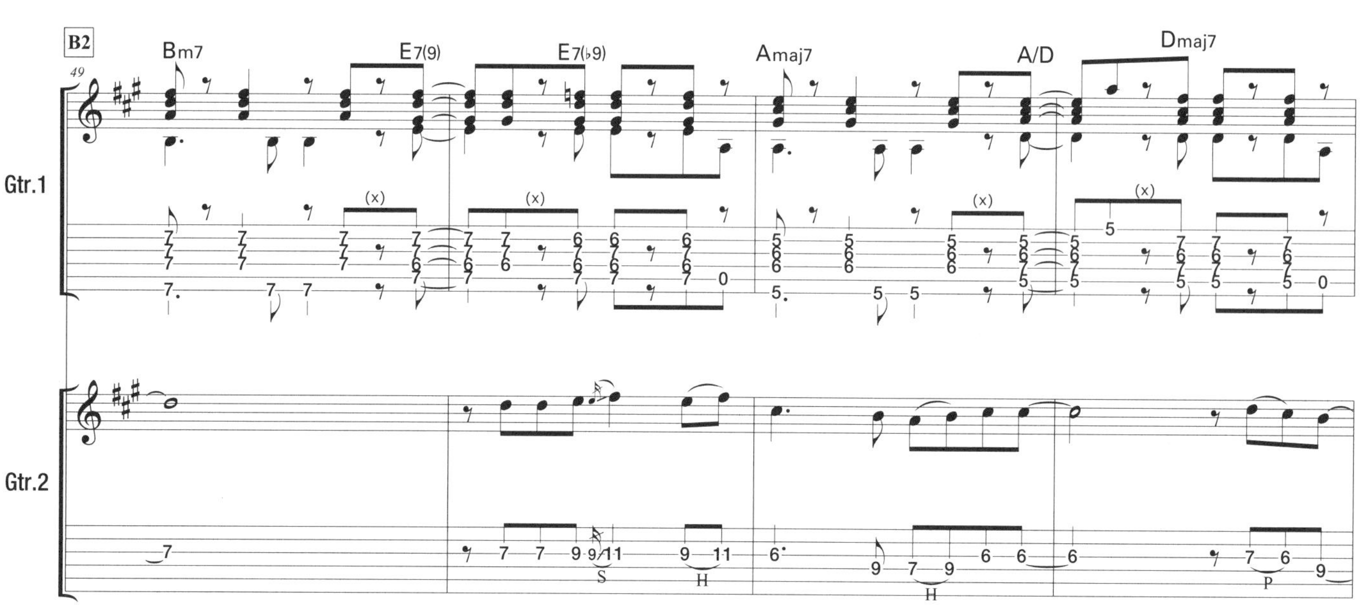

B2
Bm7
E7(9)
E7(♭9)
Amaj7
A/D
Dmaj7
Gtr.1
Gtr.2

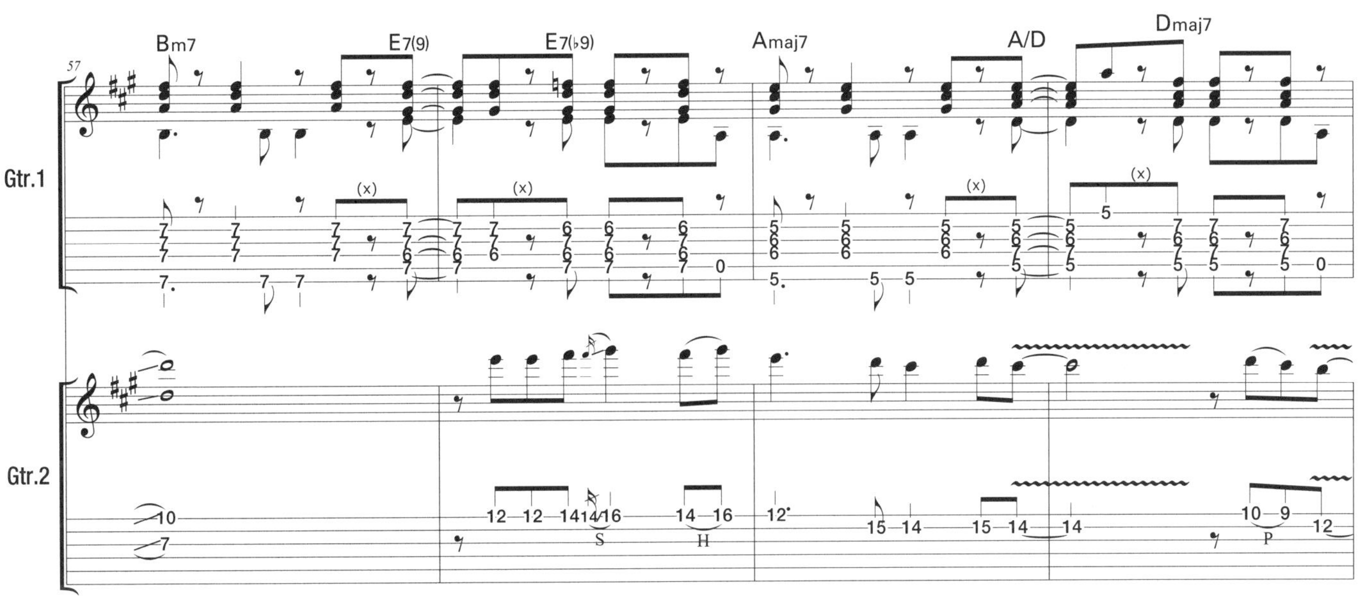

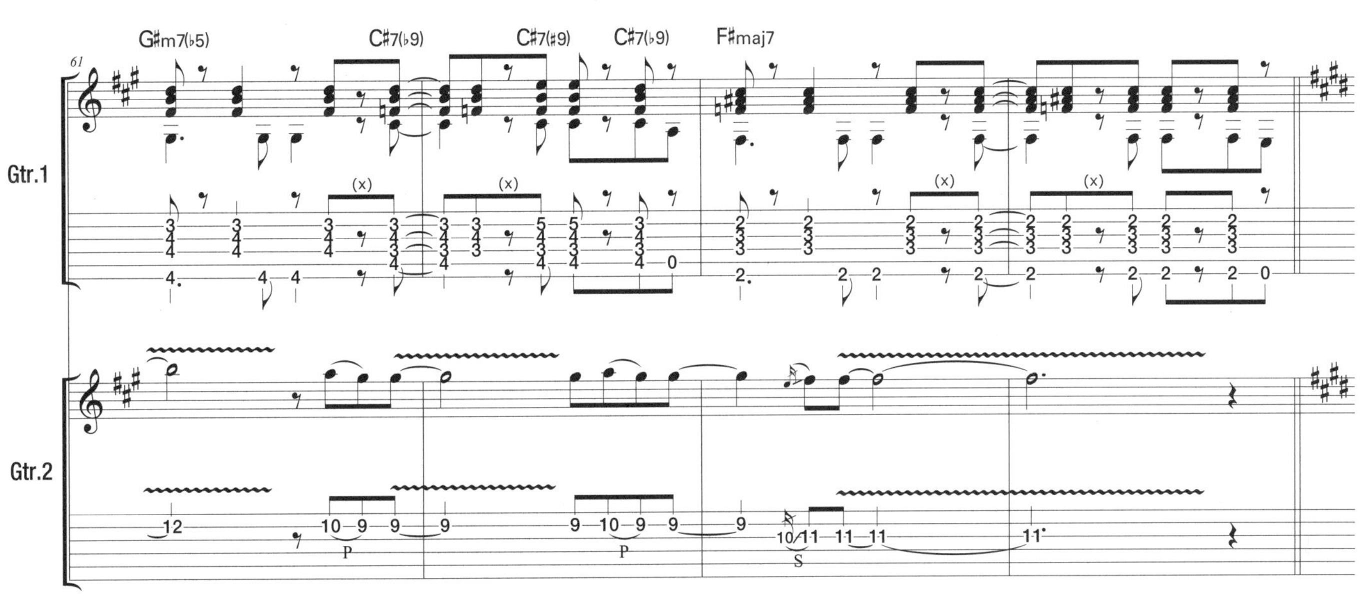

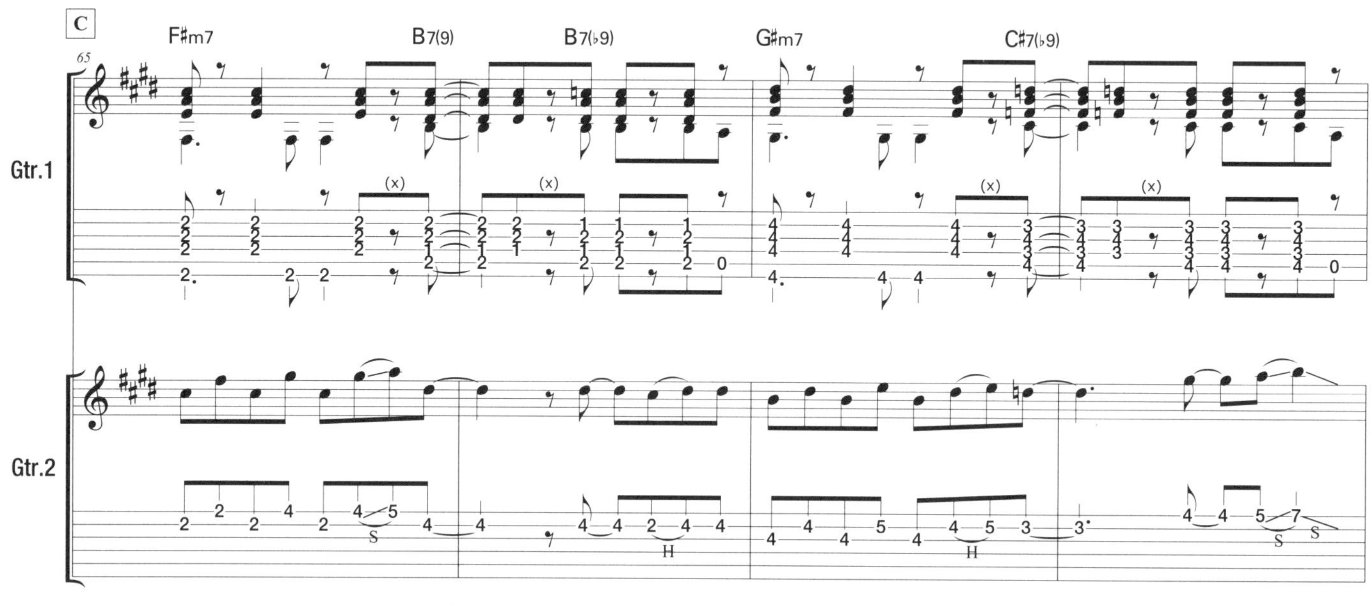

C
65
Gtr.1
Gtr.2
F#m7
B7(9)
B7(♭9)
G#m7
C#7(♭9)

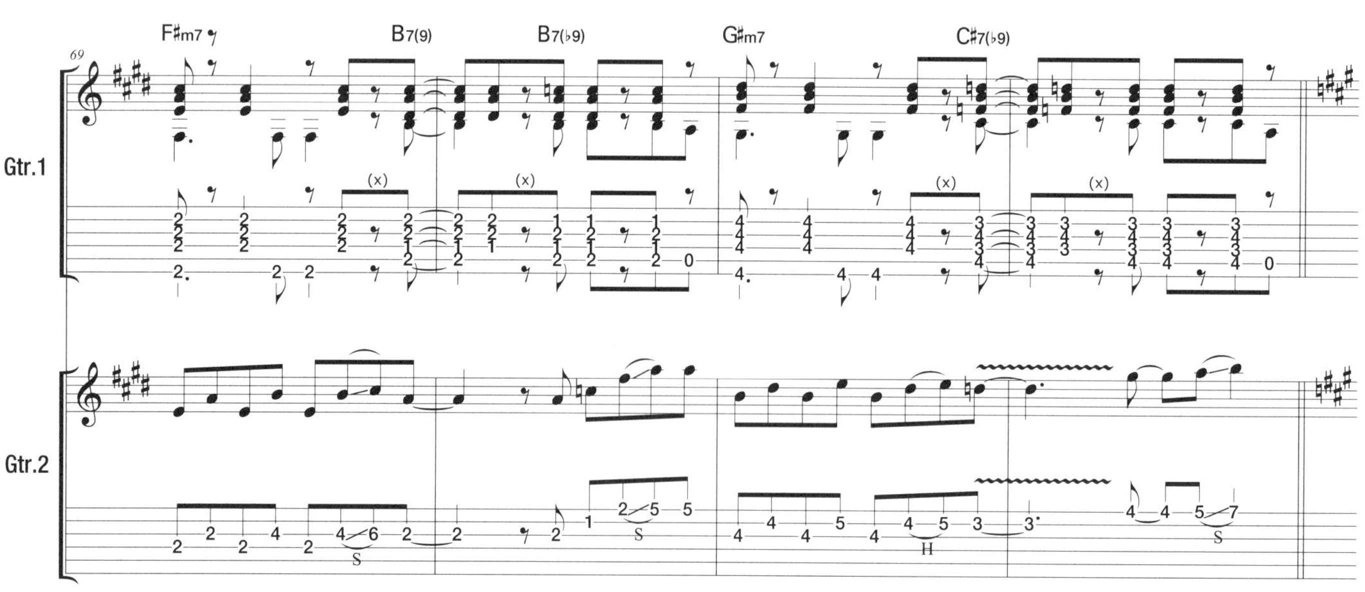

69
Gtr.1
Gtr.2
F#m7
B7(9)
B7(♭9)
G#m7
C#7(♭9)

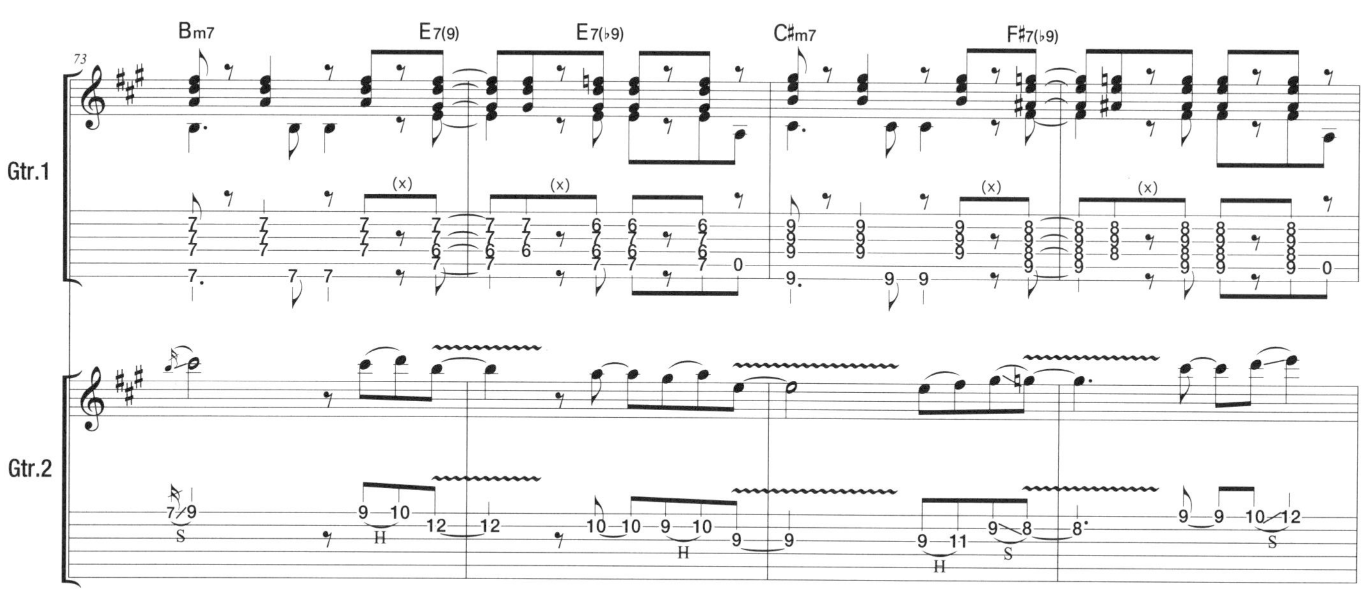

73
Gtr.1
Gtr.2
Bm7
E7(9)
E7(♭9)
C#m7
F#7(♭9)

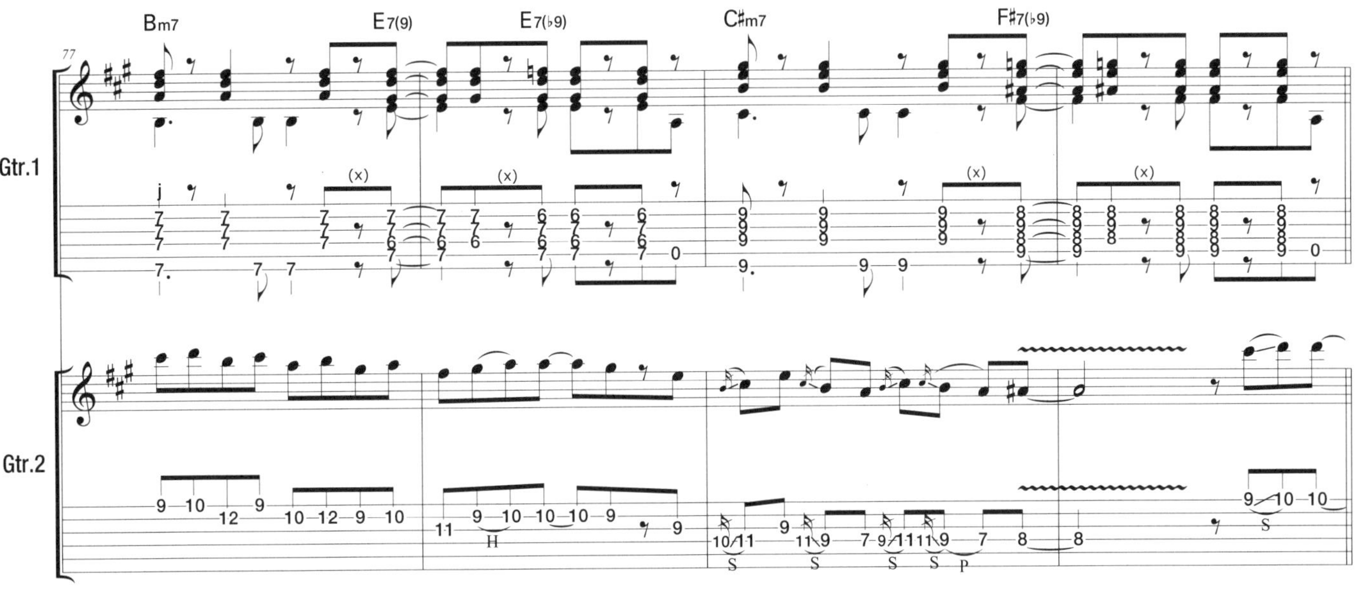

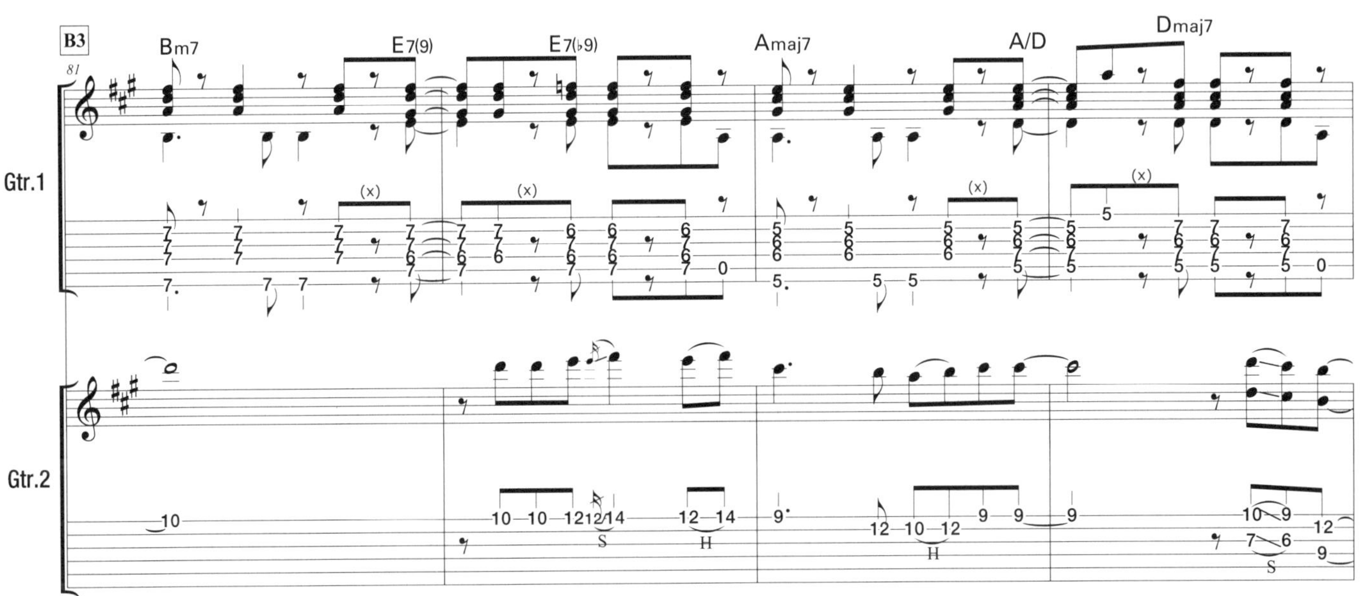

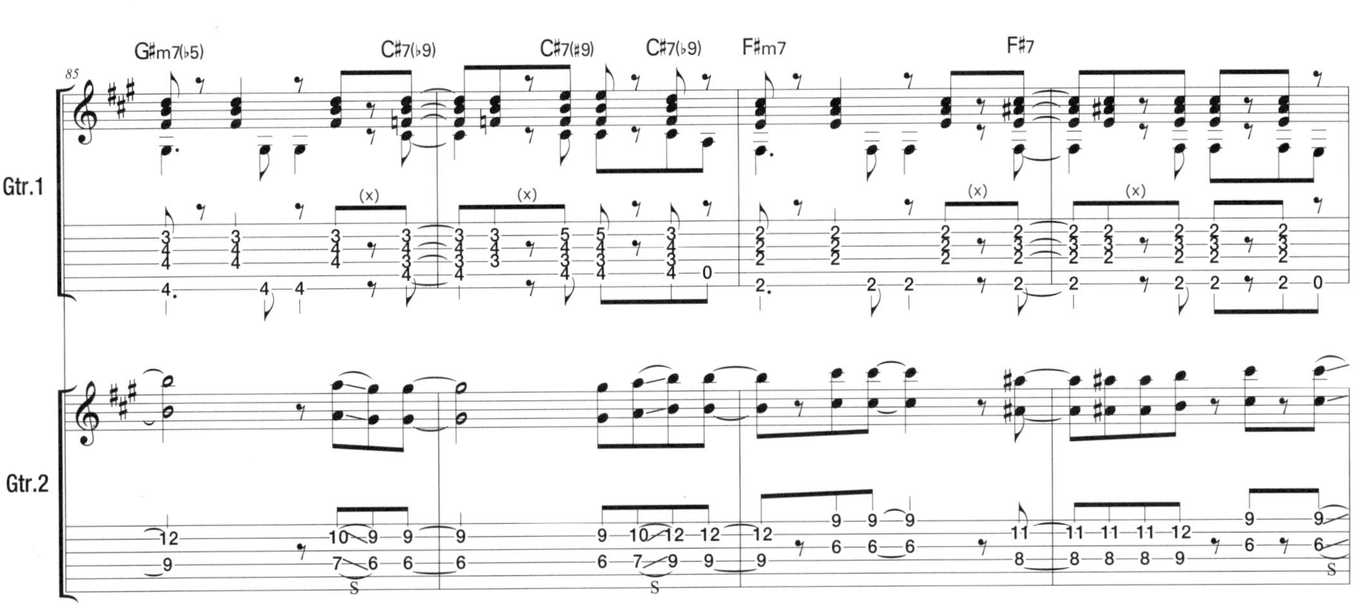

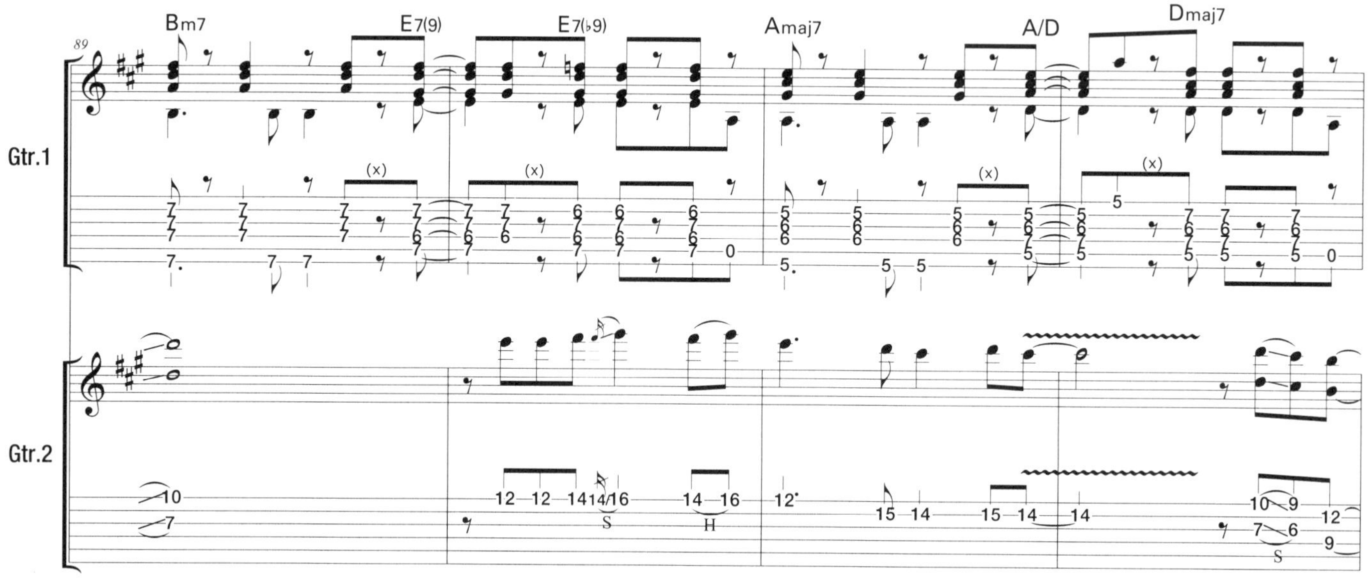
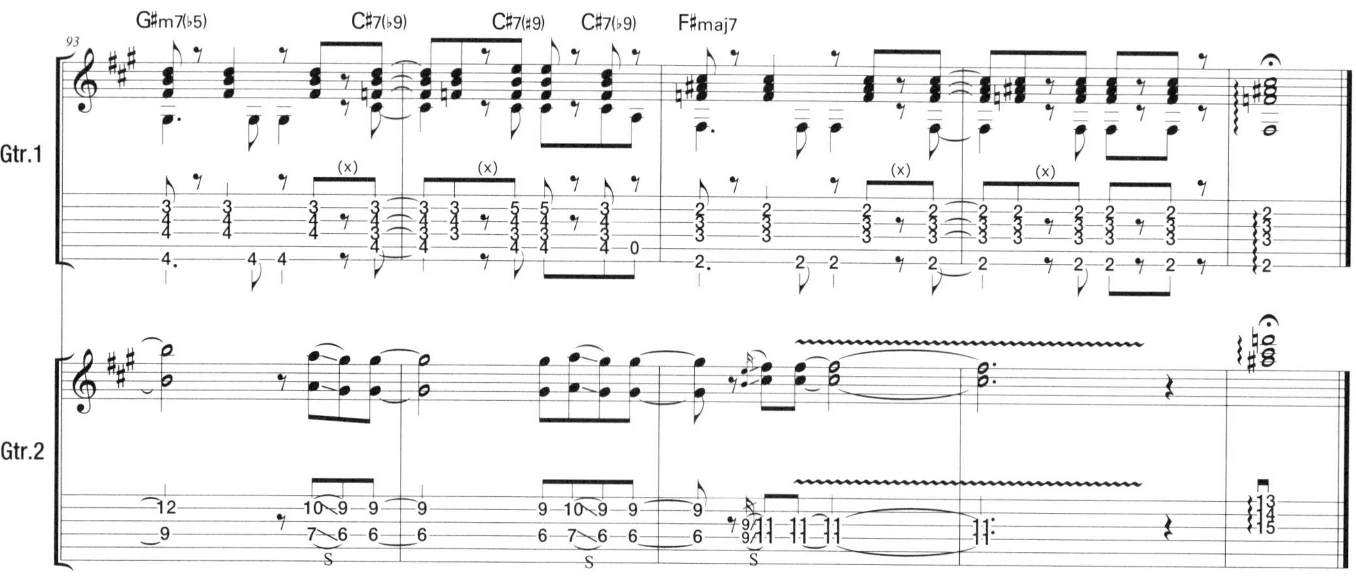

Wild and Mild

작곡 정성하
© Sungha Jung Music

성하의 한 마디

이 곡은…

때로는 거칠게, 때로는 부드럽게…. 무엇이든 한 가지만으로는 심심하고 재미없잖아요? 이 노래를 들으며 두 가지의 맛을 모두 느껴보시기 바래요!

연주포인트

코드가 복잡해서 운지가 조금 어려울 수 있어요. 엄지로 베이스를 잡는 운지, 그리고 바레에 신경을 써서 연습한다면 오른손은 크게 어렵지 않을 거예요. 무엇보다 깔끔하게 치는 게 중요해요.

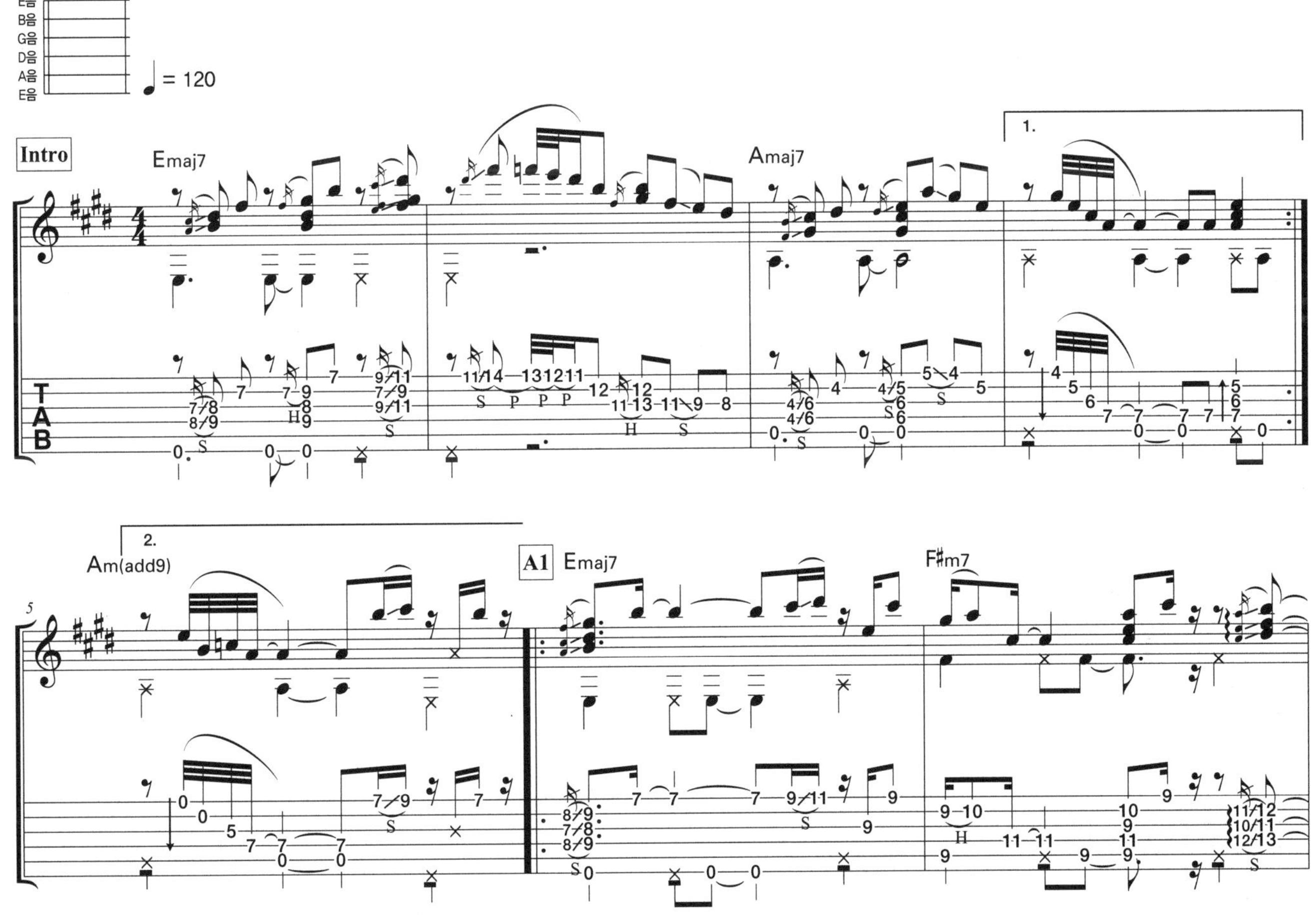

Emaj7
E7
A
Am
B1
E
G#m7
A
E
G#m7
A
B
C#m7
B
N.H.
Aadd9
C#m7
B
Aadd9
B
C1
Cmaj7
D7/C
P.M.
Wild and Mild
83

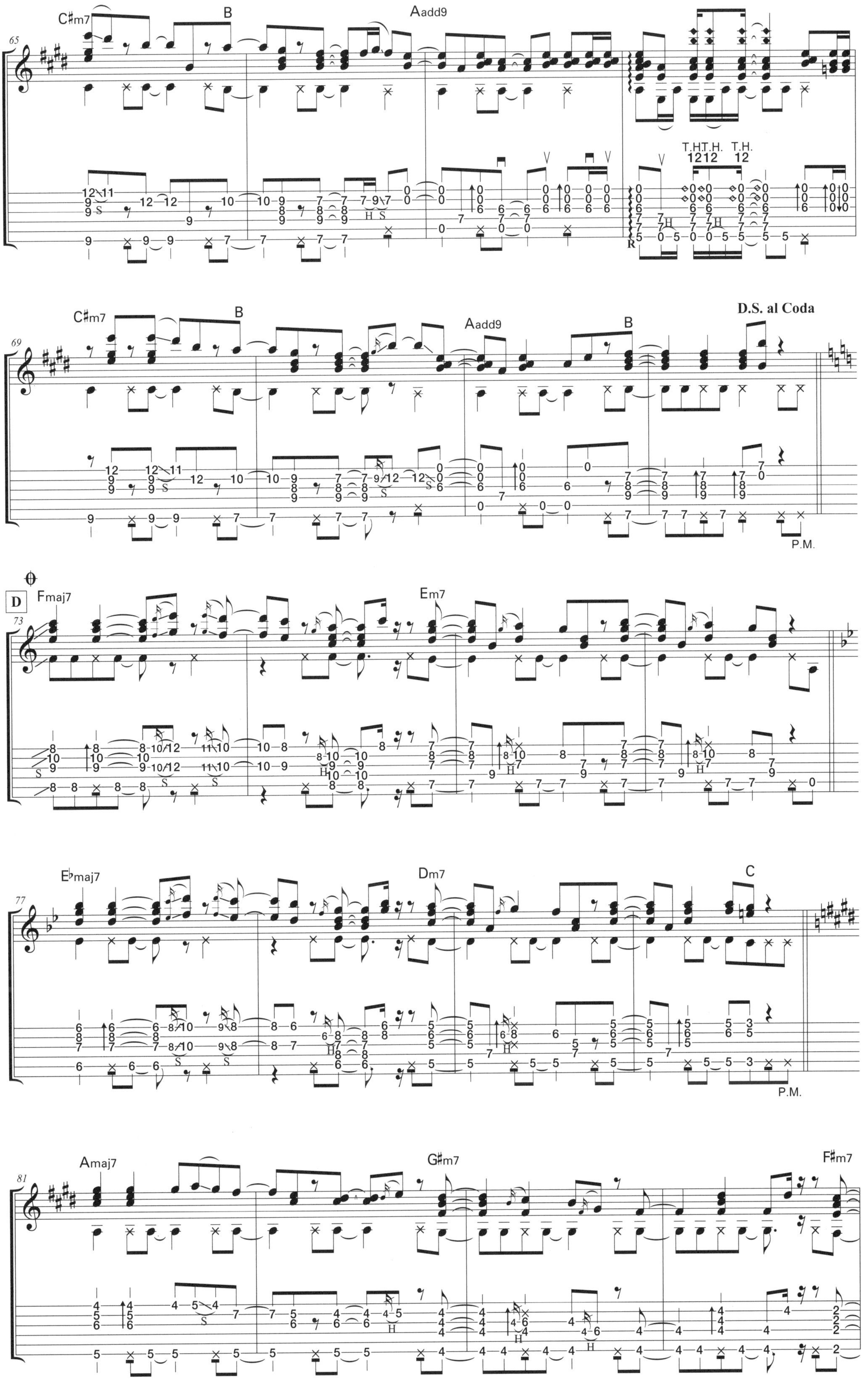
C♯m7
B
Aadd9
T.H.T.H.
T.H.
R
C♯m7
B
Aadd9
B
D.S. al Coda
P.M.
D
Fmaj7
Em7
E♭maj7
Dm7
C
P.M.
Amaj7
G♯m7
F♯m7

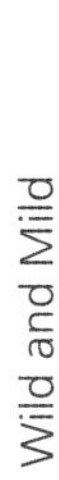

Ending
Emaj7
Amaj7
Emaj7
rit.
Amaj7
Am(add9)
rubato
E
Emaj7

Summer Break

작곡 정성하
© Sungha Jung Music

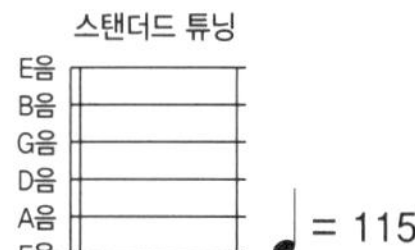

이 곡은…

햇빛 화창한 어느 여름 날, 매년 가는 여름휴가. 시원한 계곡이나 바다로 놀러가는 차 안에서의 들뜬 기분을 그리며 만든 곡이예요. 휴가가는 길에 들어보세요!

연주포인트

뮤트를 하는 스트로크가 중간 중간에 섞여 있어요. 그 부분은 뮤트를 잘 살려주세요. 후렴구의 옥타브 스트로크는 뮤트를 잘 하면서 멜로디 라인을 깔끔하게 살려주는 게 중요해요.

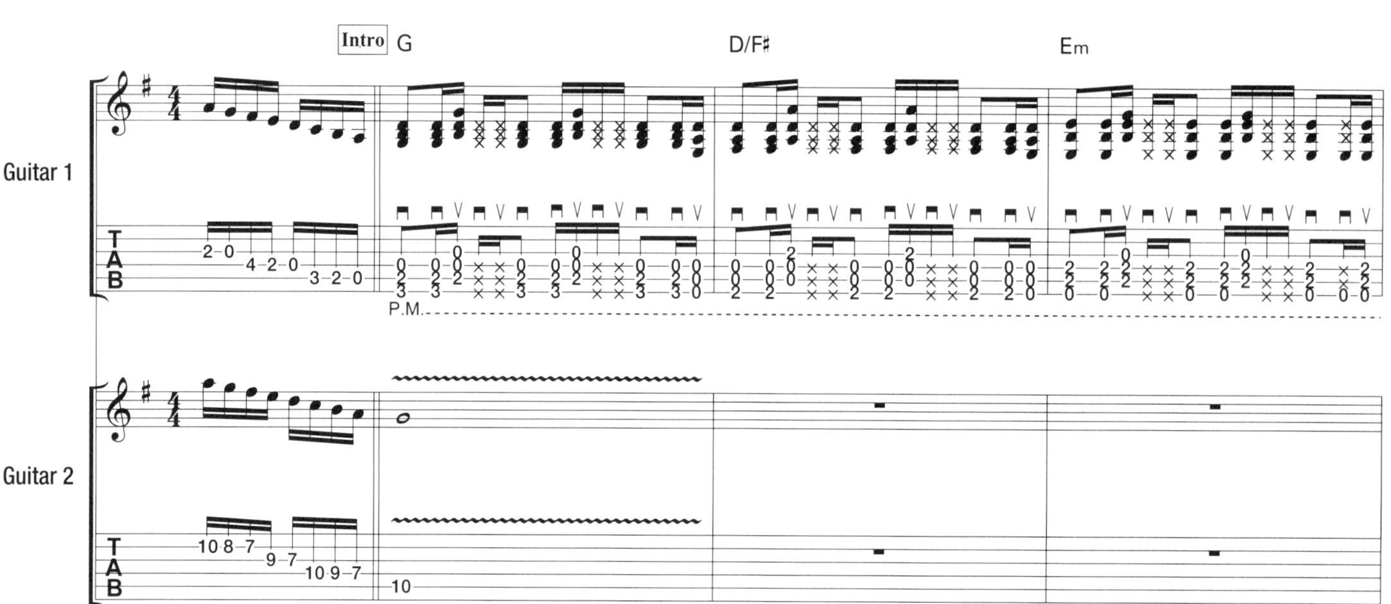

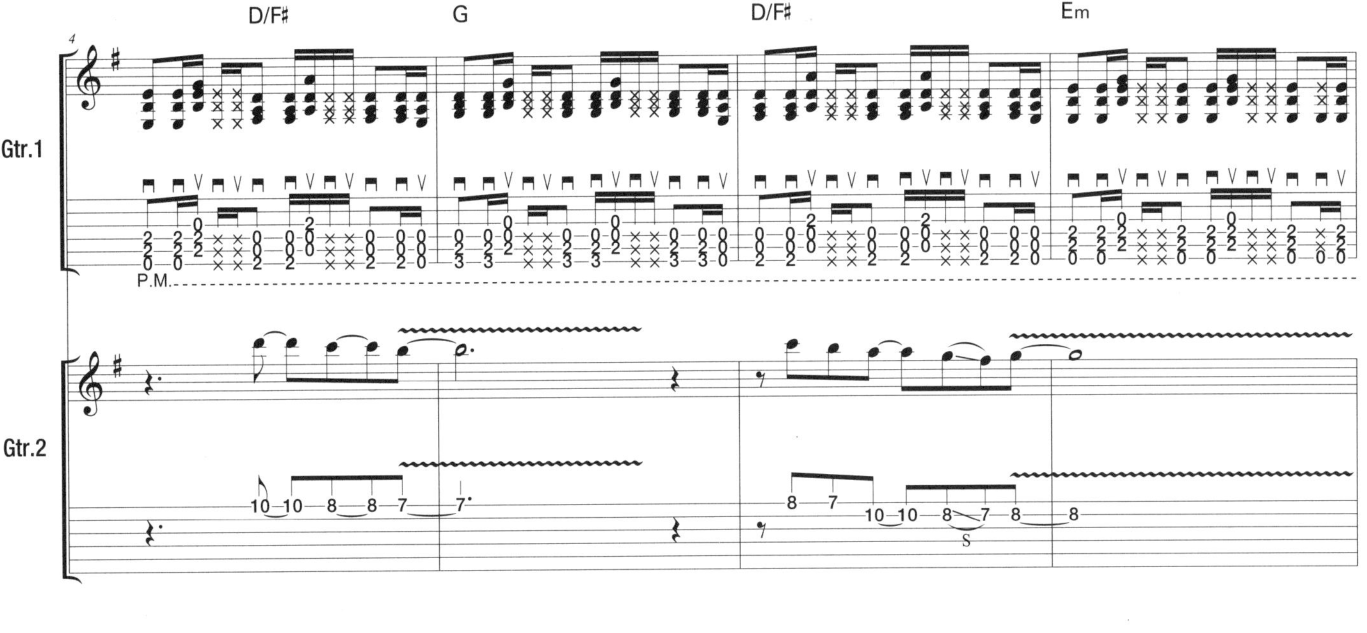

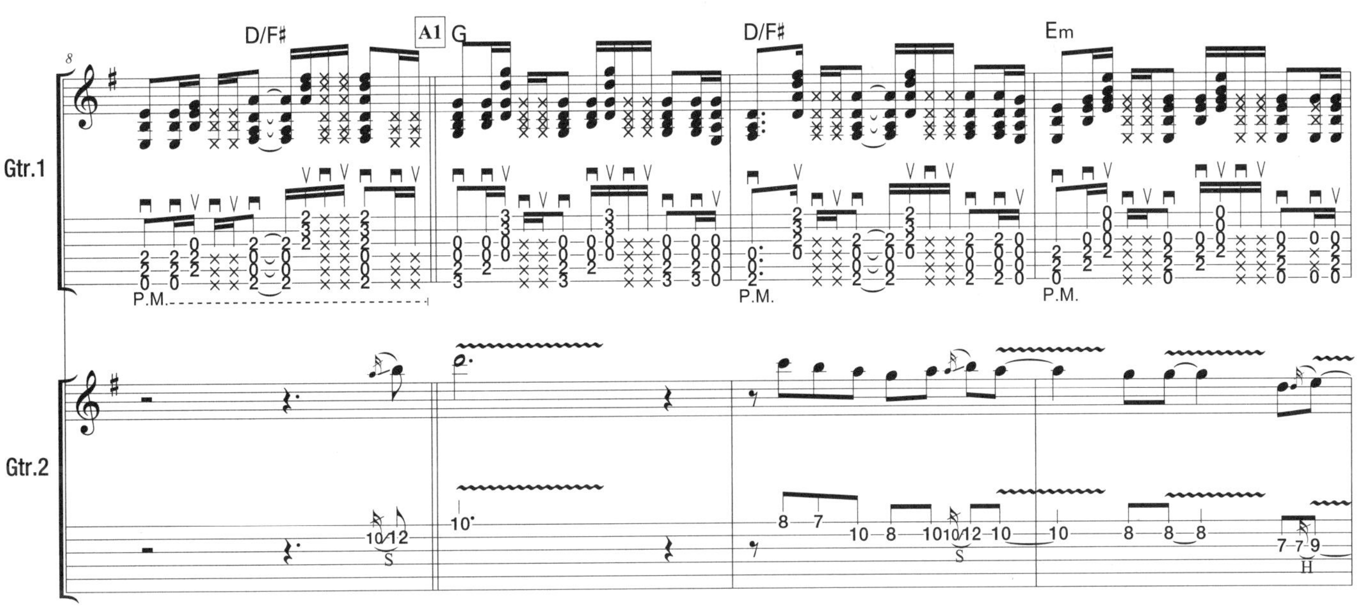

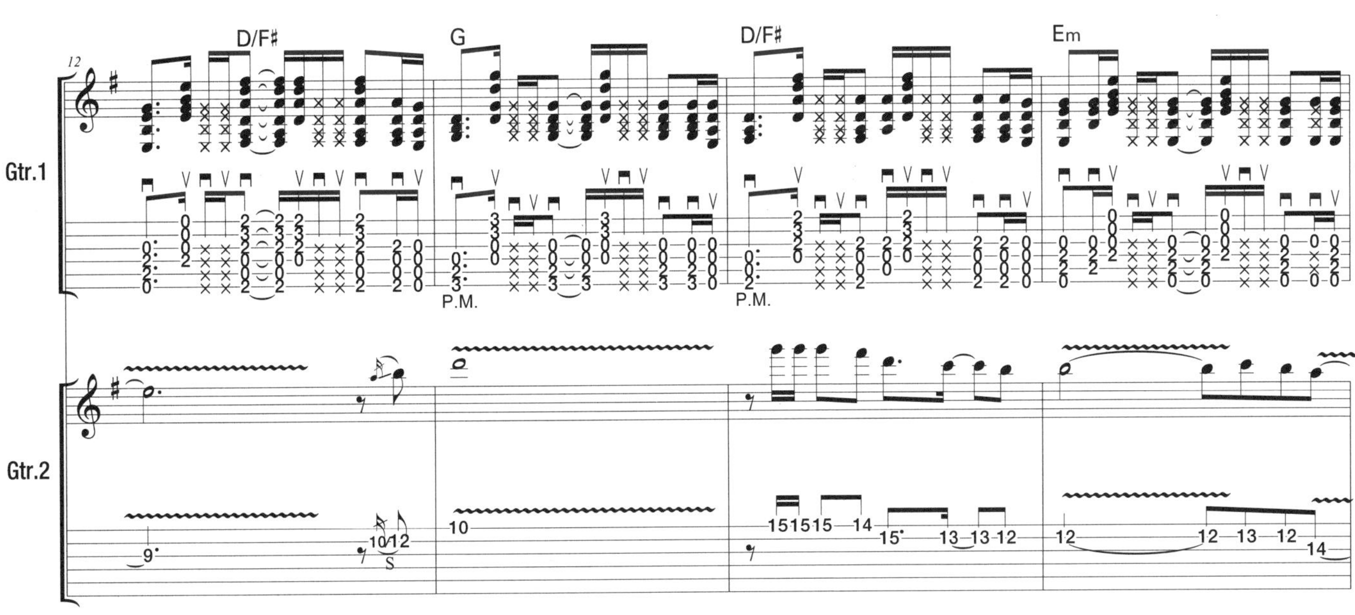

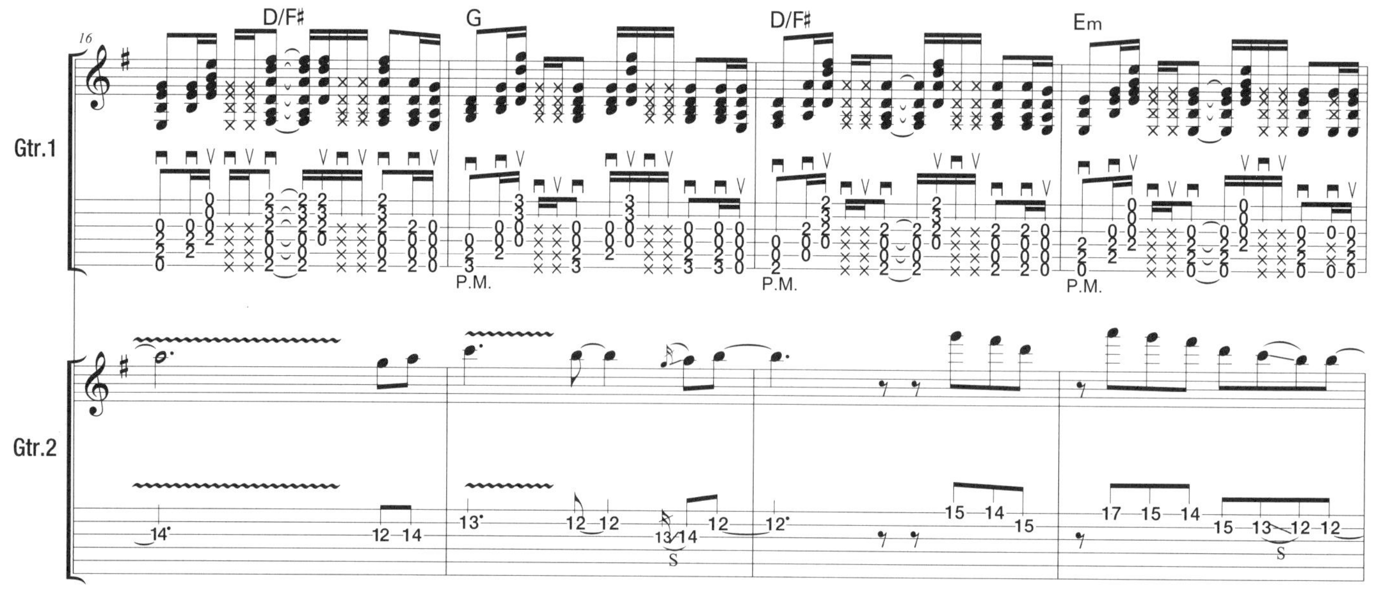

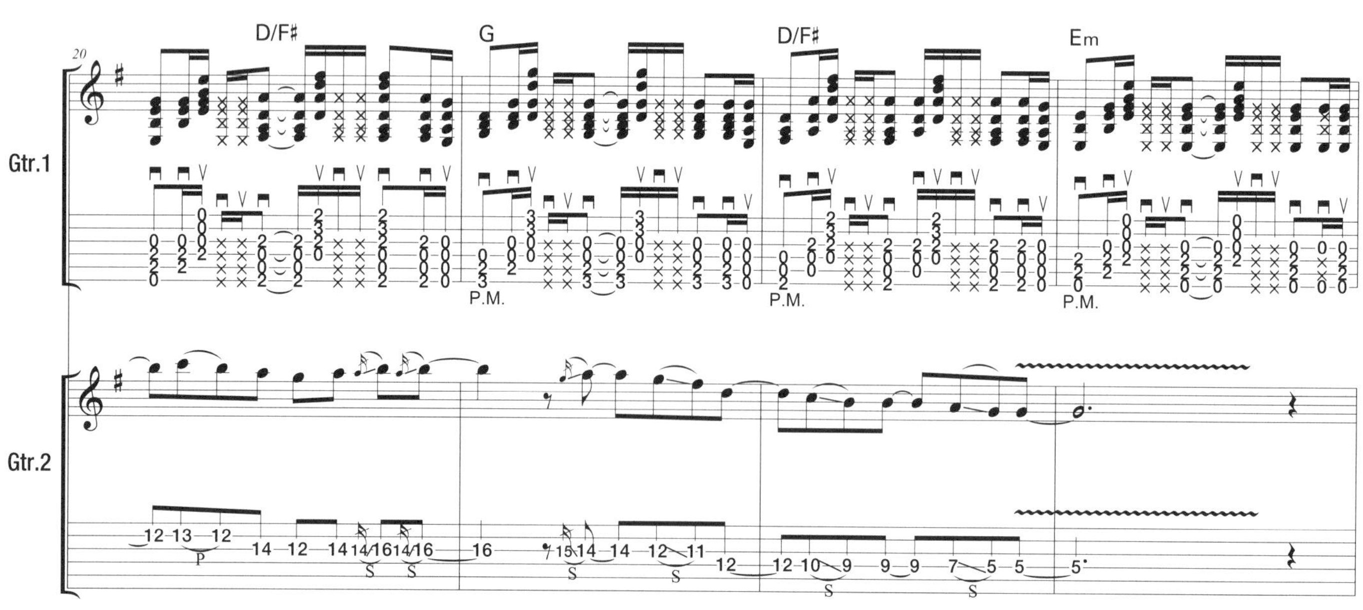

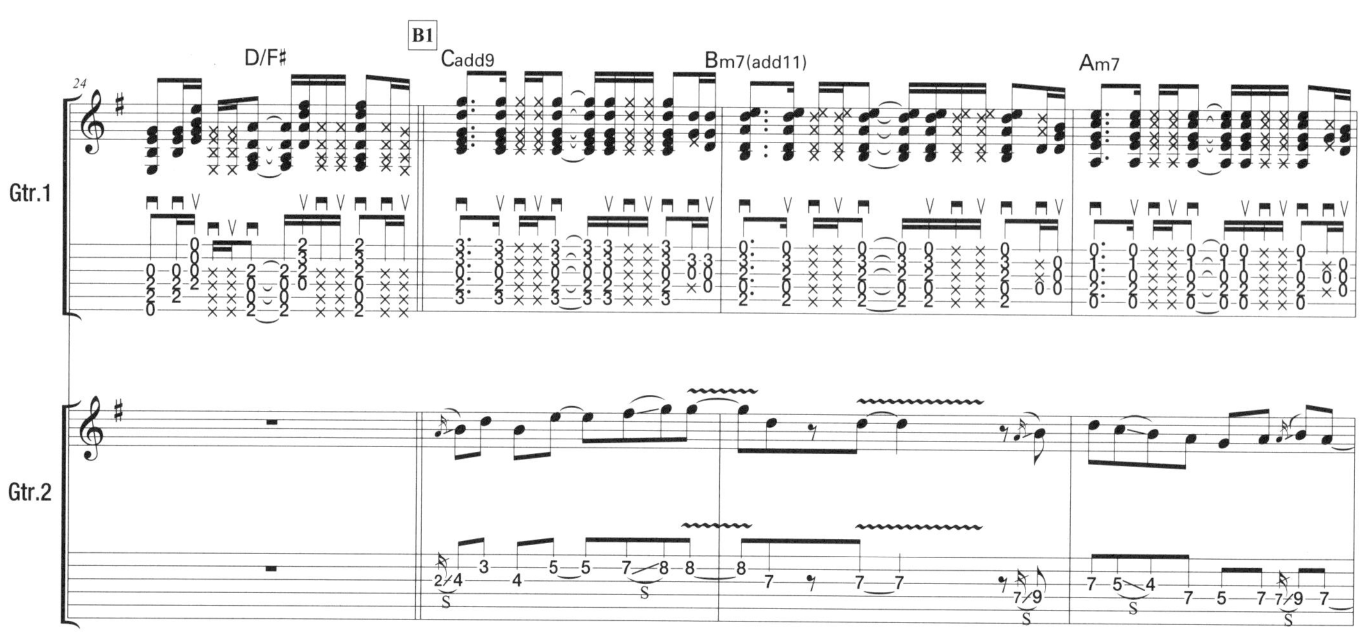

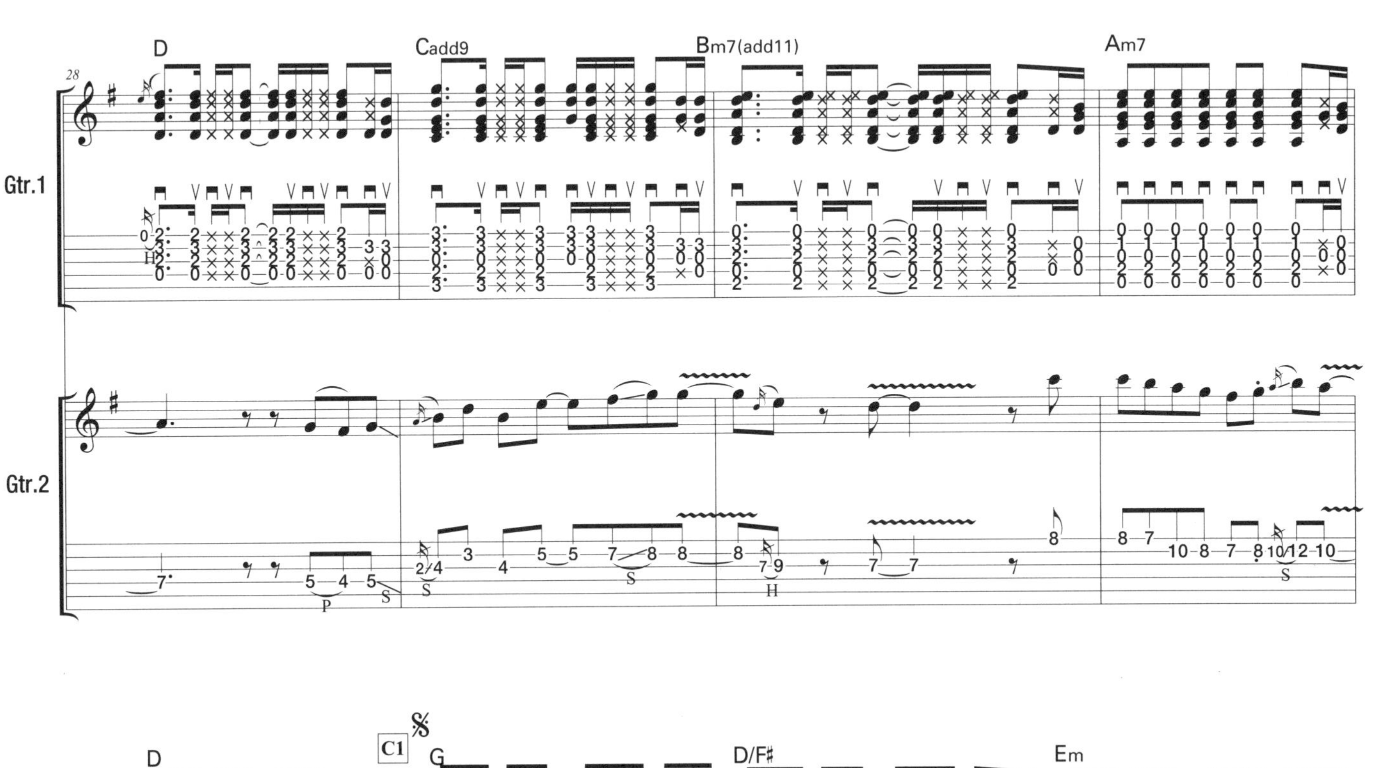

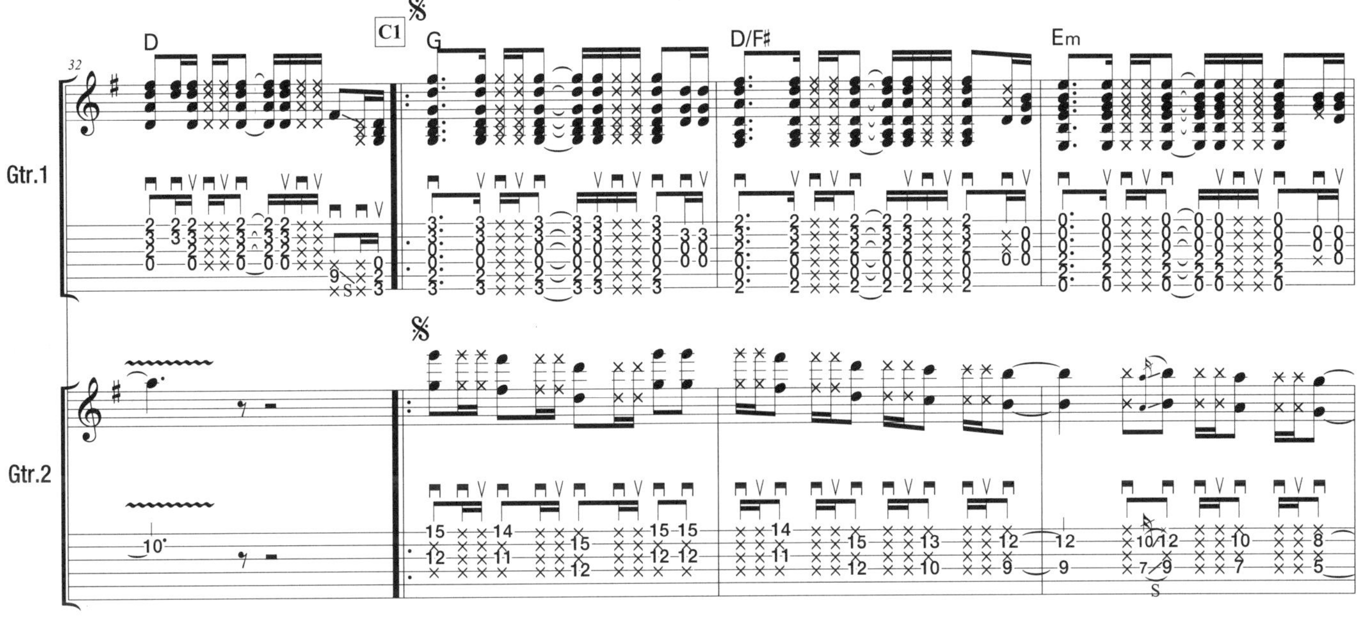

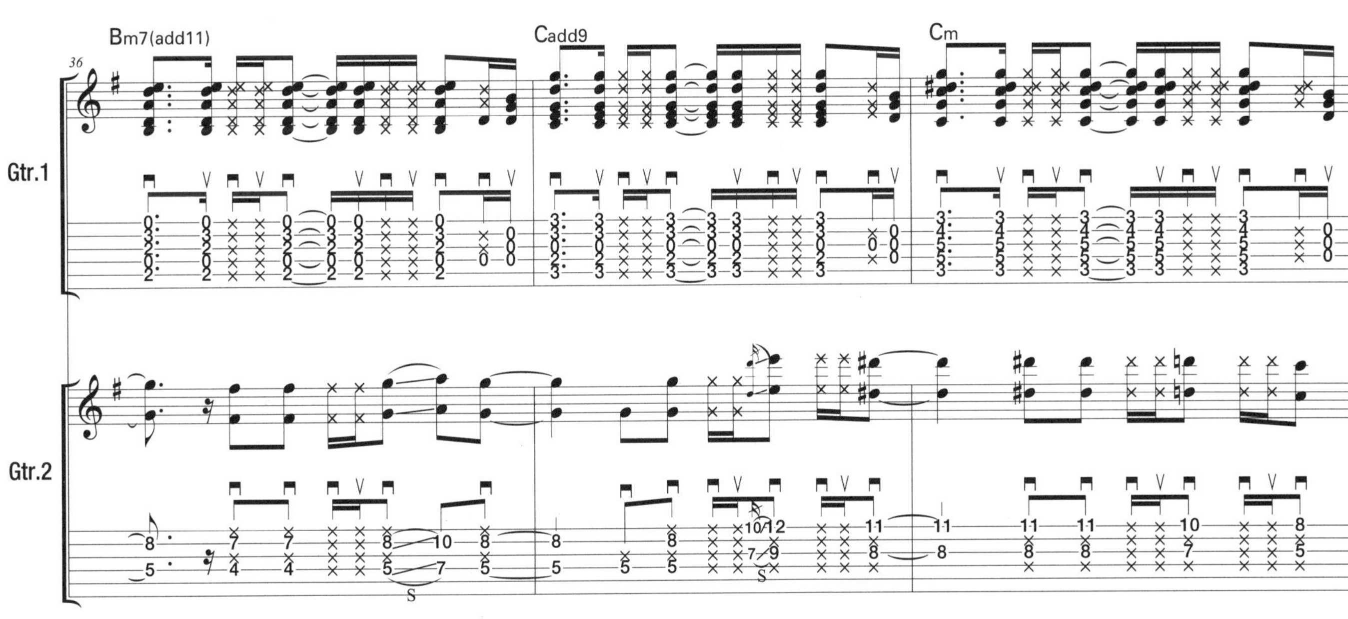

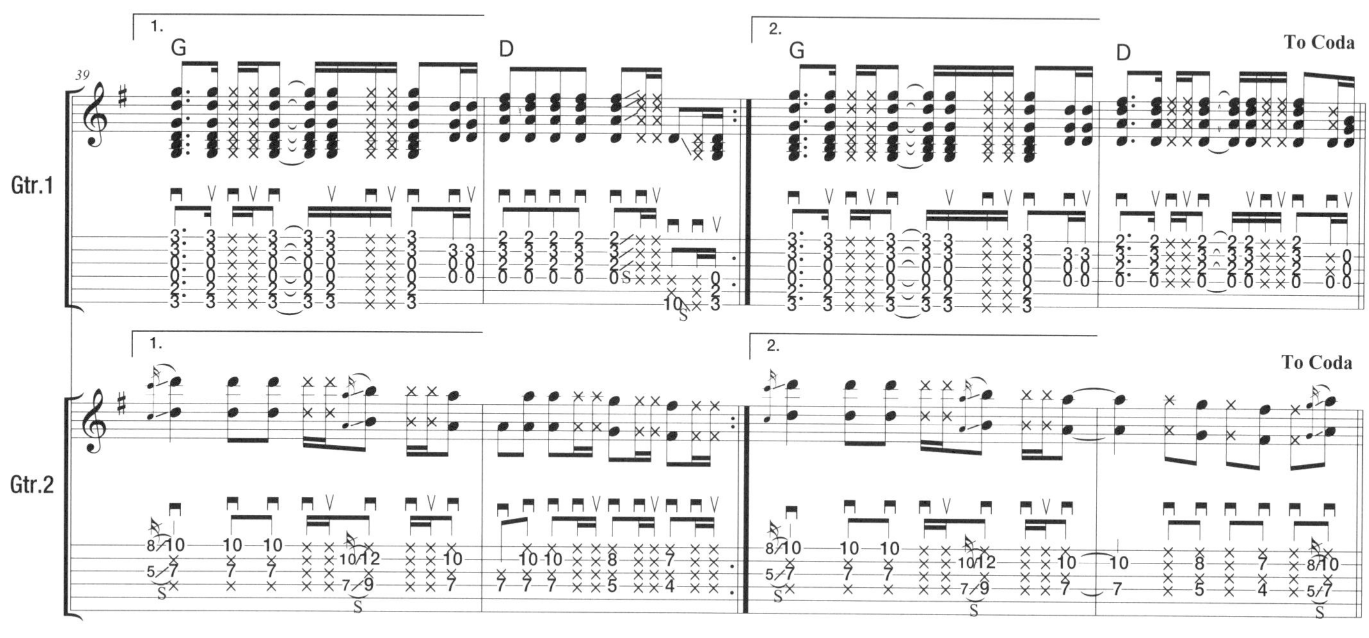

1.
2.
G
D
G
D
To Coda
Gtr.1
Gtr.2

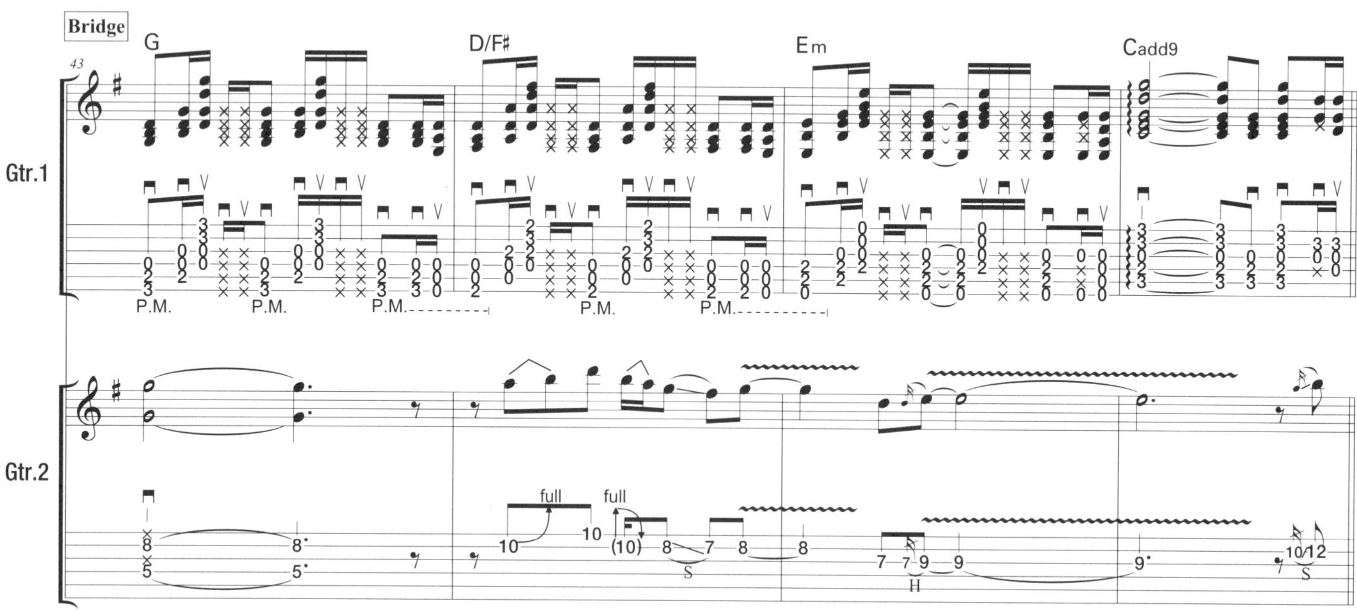

Bridge
G
D/F#
Em
Cadd9
Gtr.1
P.M.
P.M.
P.M.
P.M.
P.M.
Gtr.2
full
full
H

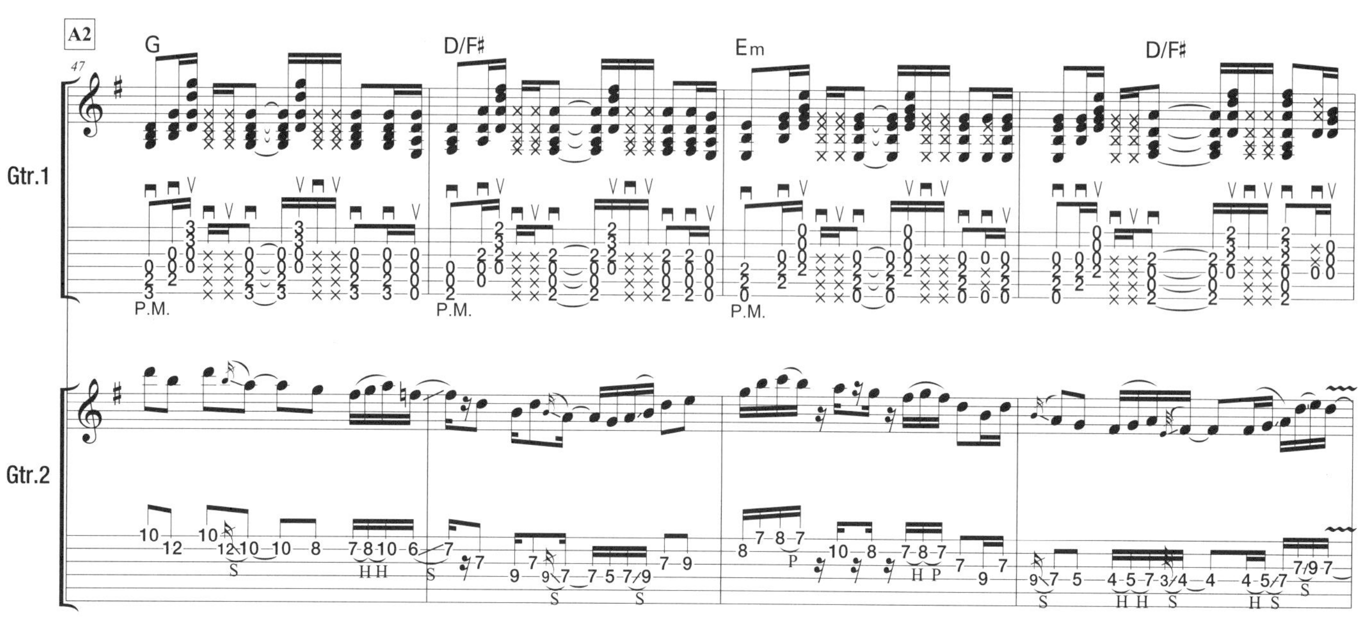

A2
G
D/F#
Em
D/F#
Gtr.1
P.M.
P.M.
P.M.
Gtr.2
S
H H
S
S
S
P
H P
S
H H S
H S

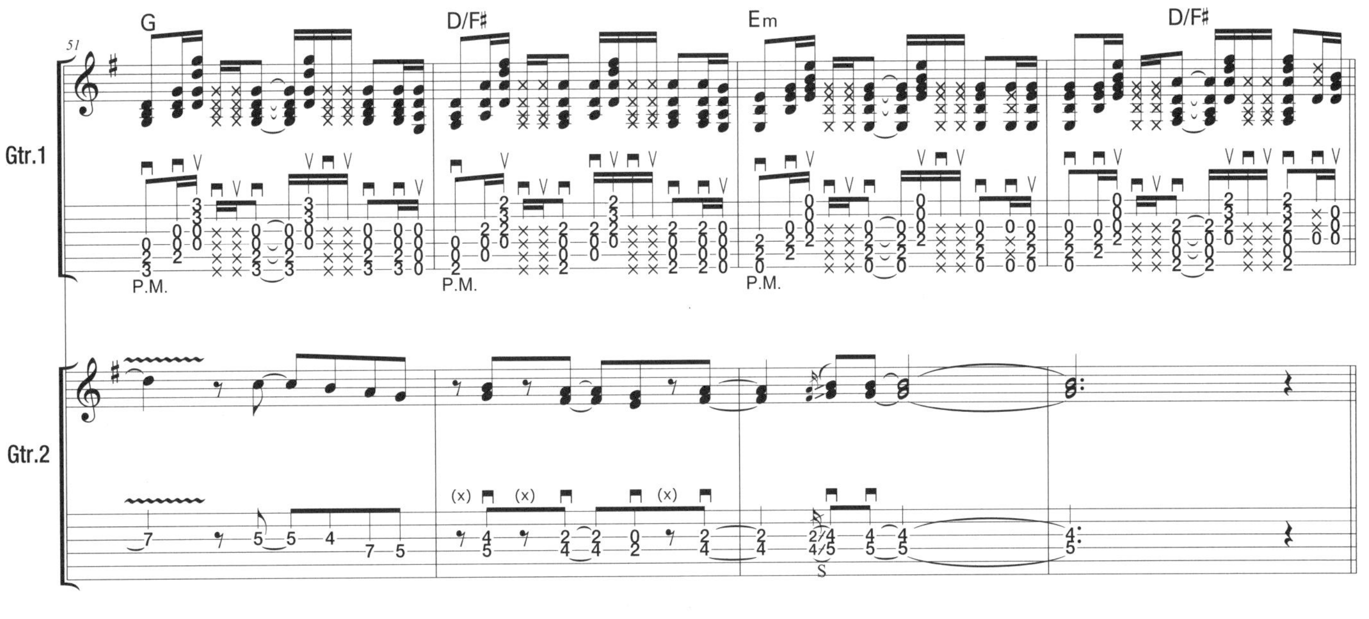

Gtr.1
Gtr.2
G
D/F#
Em
D/F#
P.M.
P.M.
P.M.

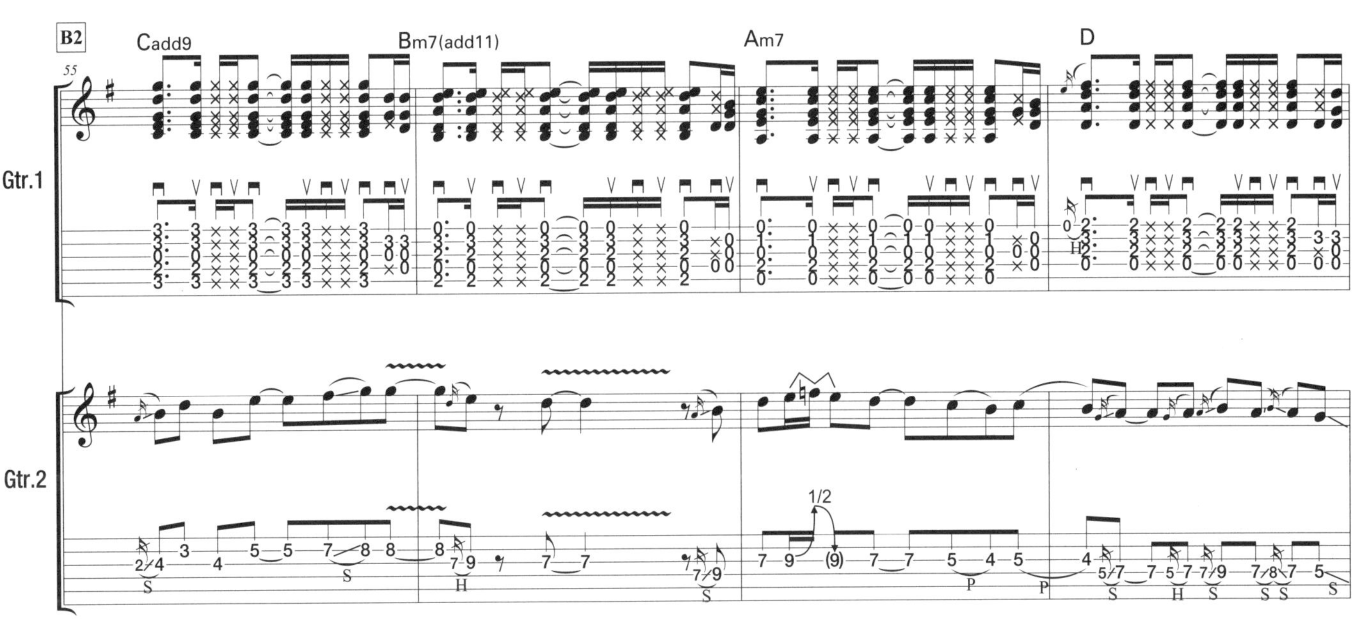

B2
Gtr.1
Gtr.2
Cadd9
Bm7(add11)
Am7
D
1/2

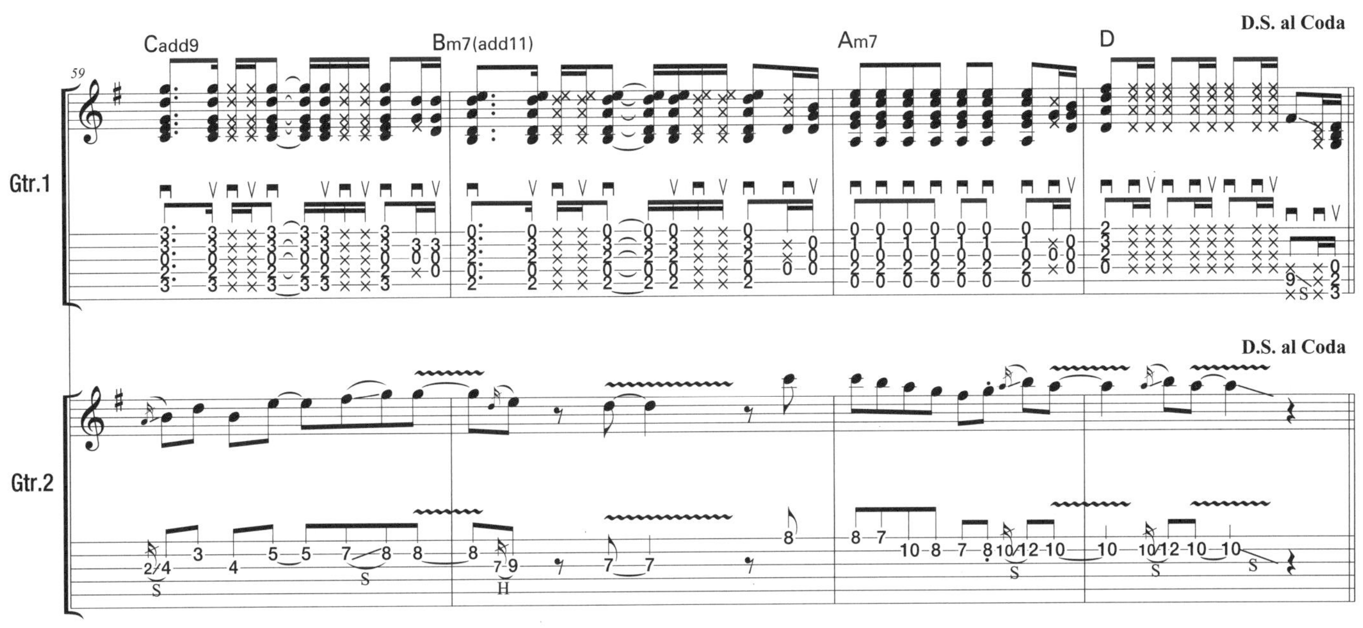

Gtr.1
Gtr.2
Cadd9
Bm7(add11)
Am7
D
D.S. al Coda
D.S. al Coda

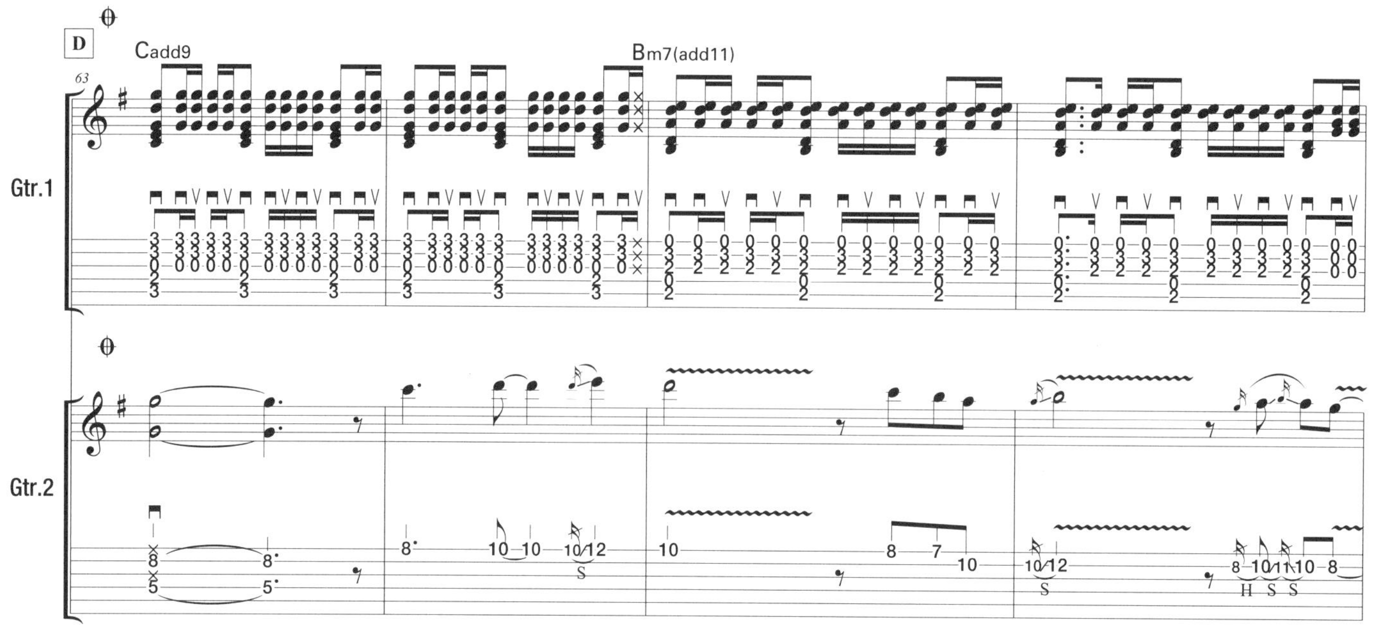

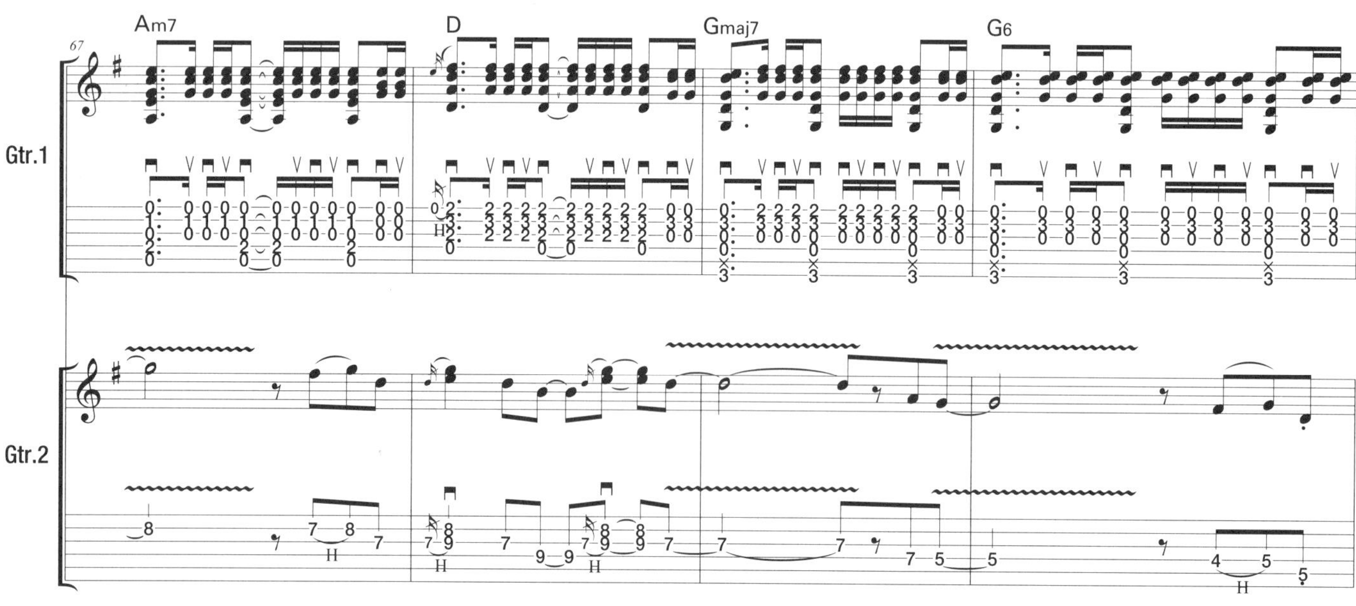

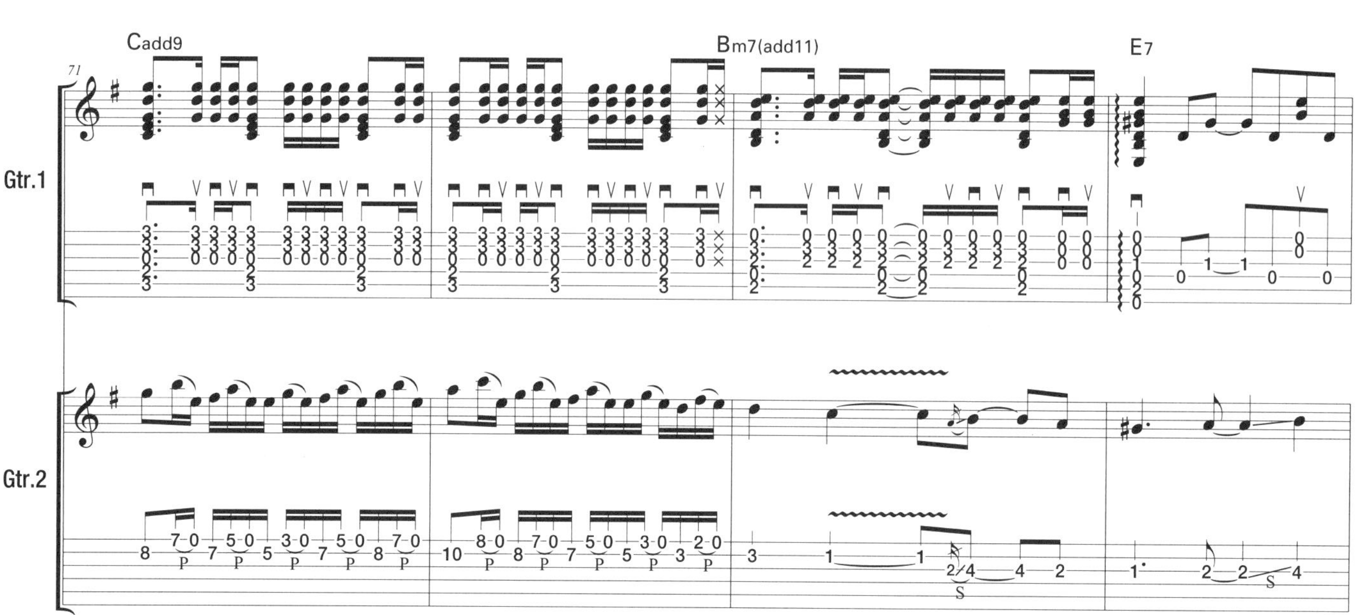

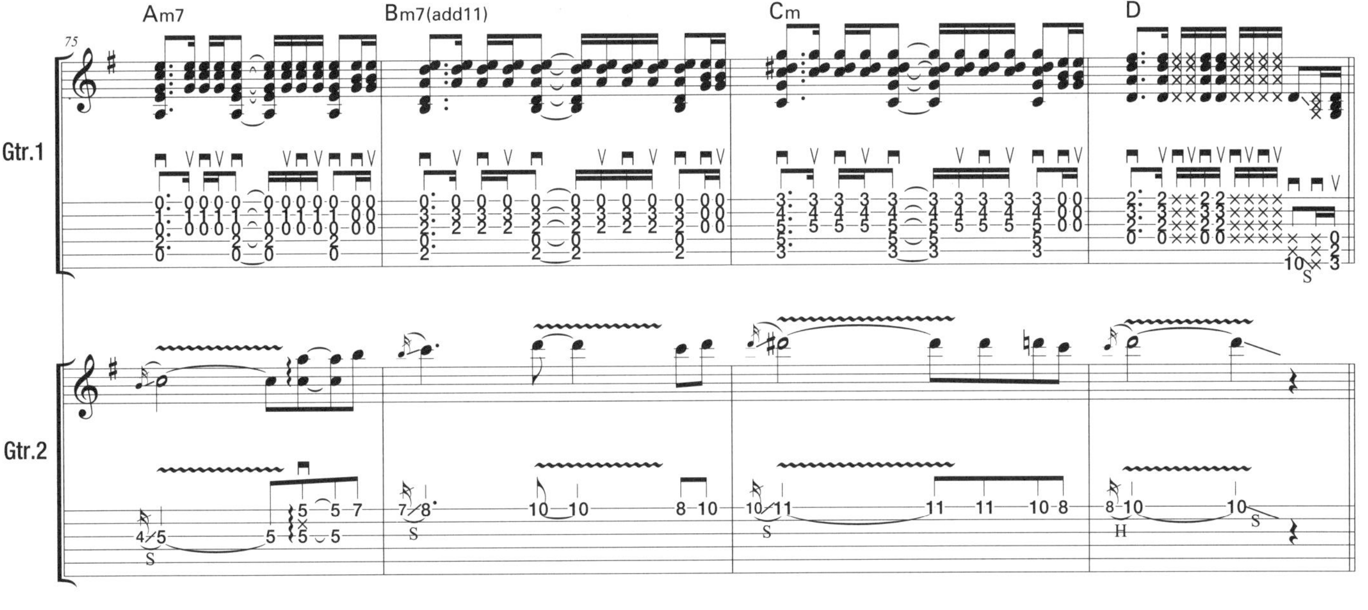
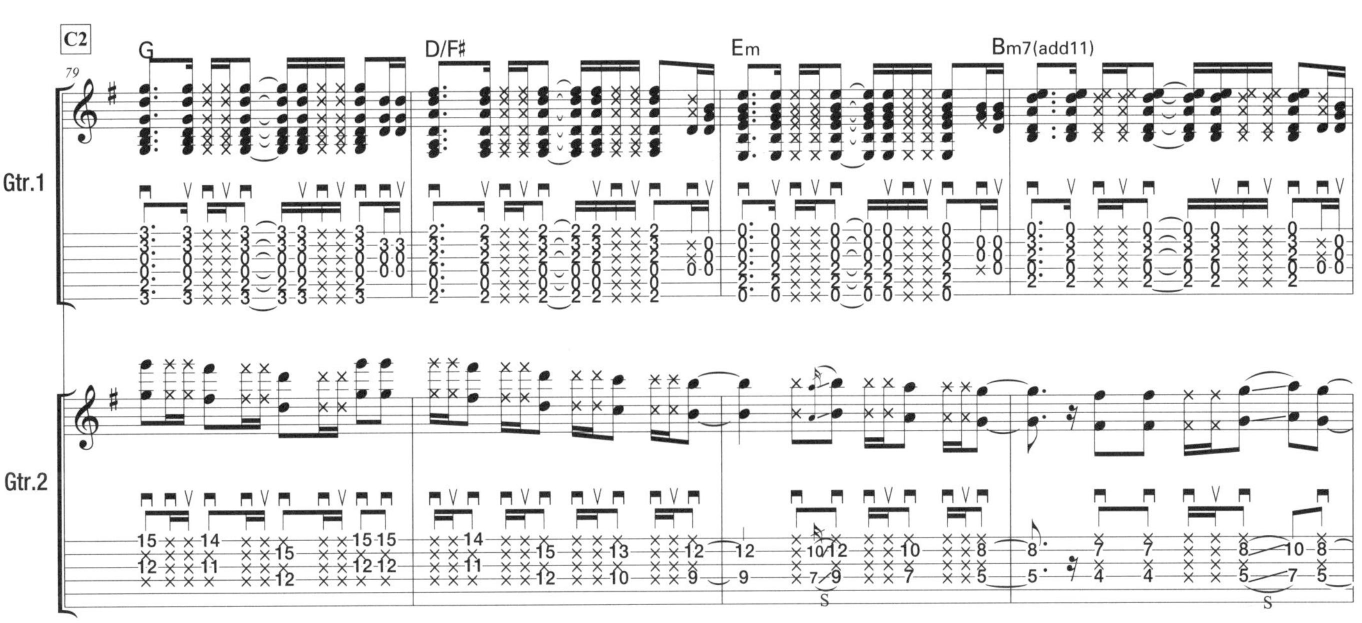
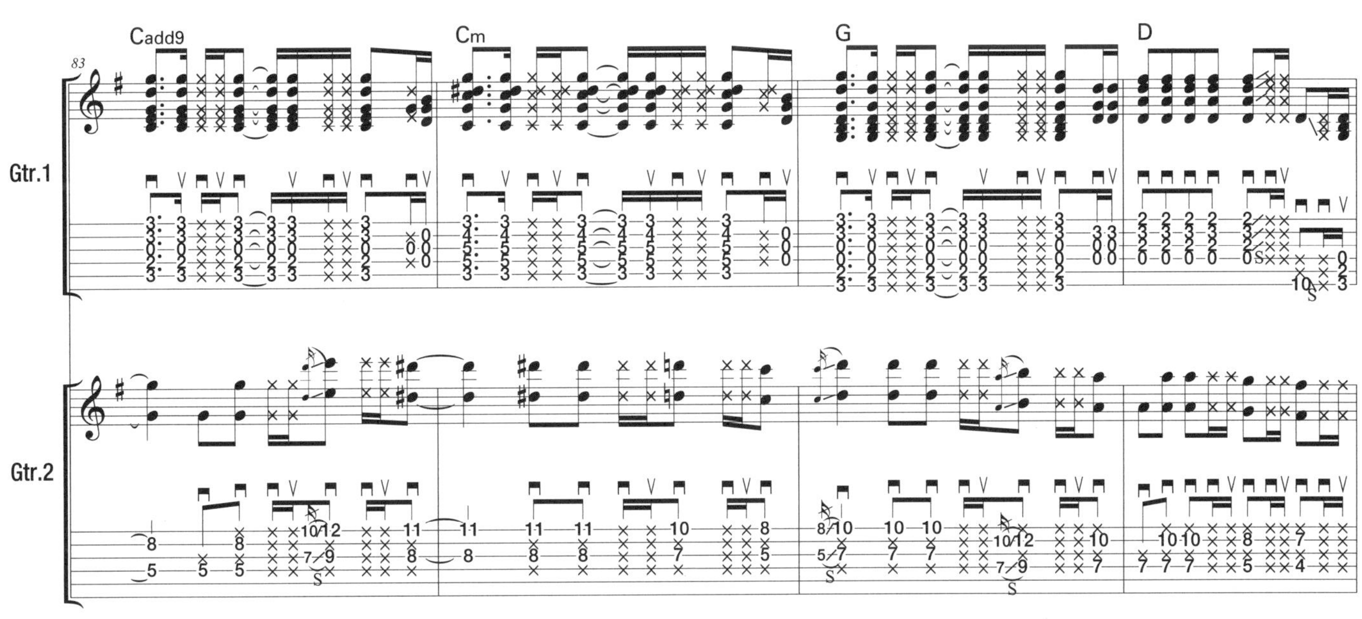

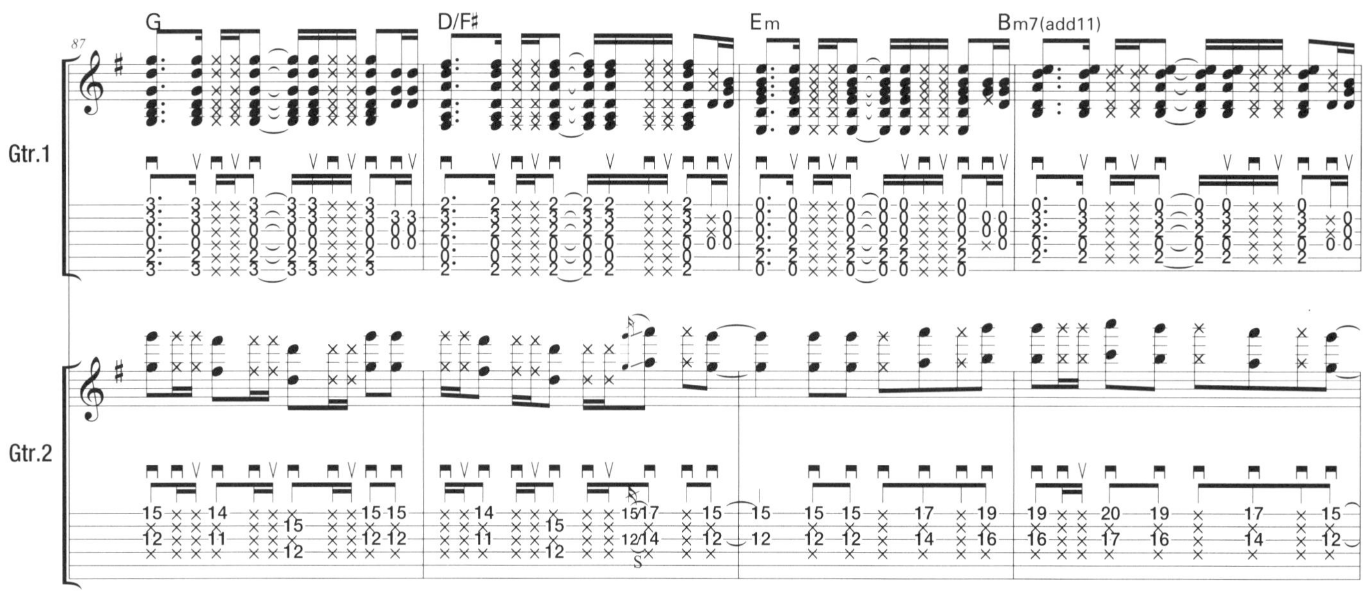

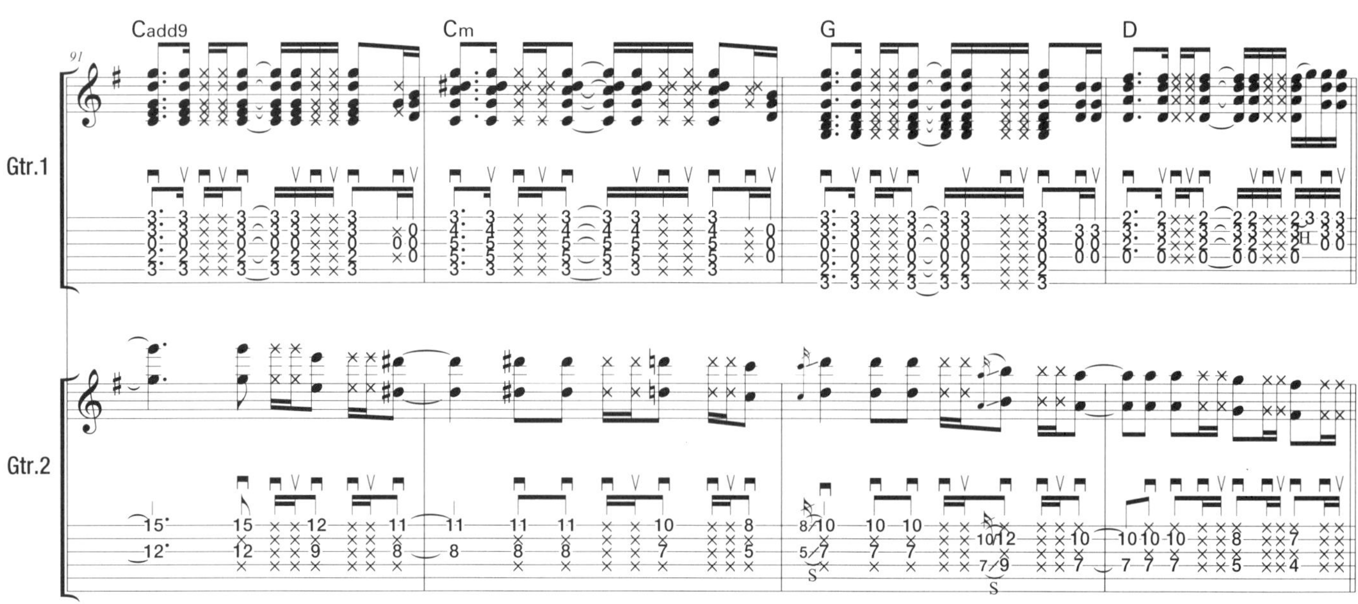

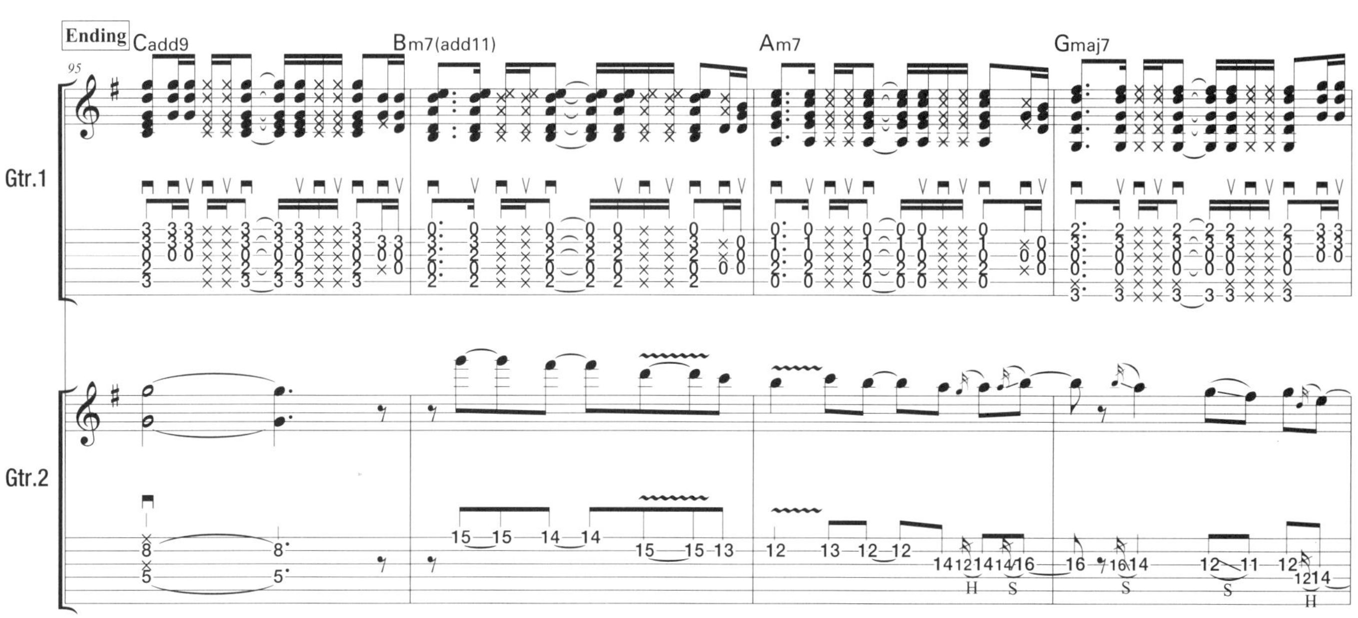

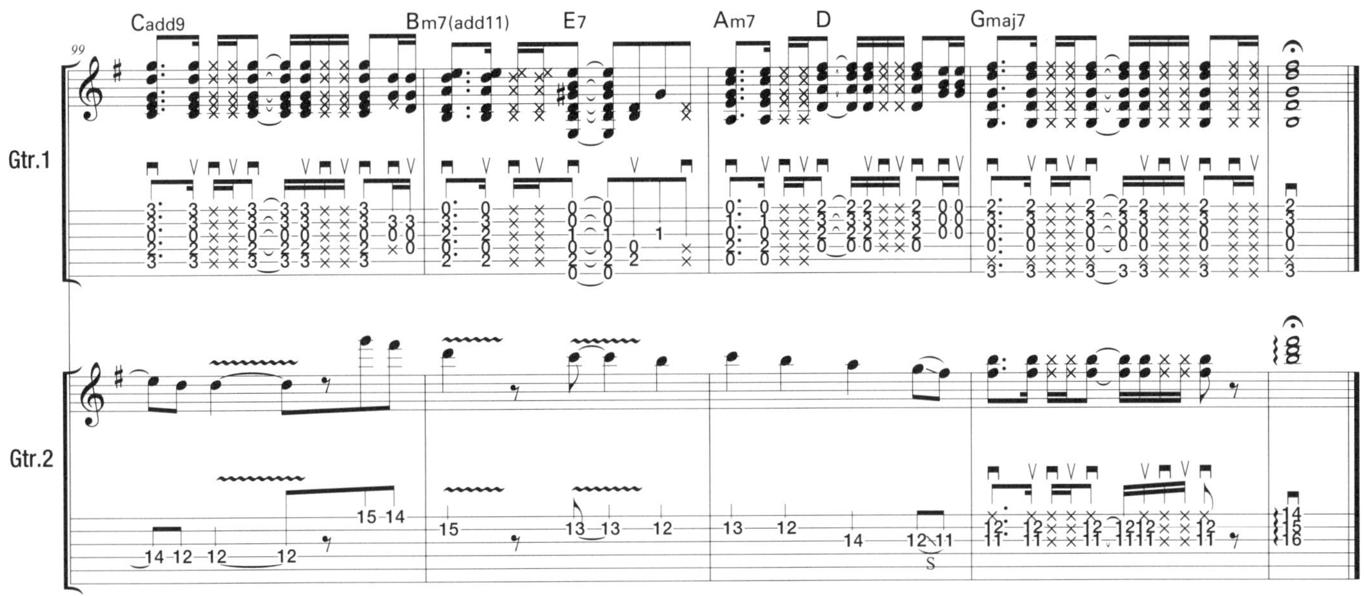

Gtr.1
Gtr.2
Cadd9
Bm7(add11)
E7
Am7
D
Gmaj7
99

Rainy Day

작곡 정성하
© Sungha Jung Music

이 곡은…

비오는 날을 좋아하진 않지만, 아주 가끔 창밖의 비오는 풍경은 저를 감상적으로 만들어주지요. 빗방울이 떨어지는 듯한 건반 사운드를
더해 그날의 기분을 표현해보았어요.

연주포인트

건반과 함께 연주한다면 서로의 사운드가 잘 조화를 이루어야 해요. 어느 하나가 묻혀서도 안 되겠죠? 후반부의 기타 솔로는 멜로디를 잘
살려서 예쁘게 연주하시기 바래요.

D
C#m7
Bm7
Bm9
Esus4
E
Pno.
Gtr.1

A
G#m7
F#m7(add11)
Esus4
E
Pno.
Gtr.1

D
C#m7
Bm7
Bm9
Esus4
E
Pno.
Gtr.1

B
Aadd9
G♯m7
F♯m7(add11)
Esus4
E
Pno.
Gtr.1

D
Asus2/C♯
F♯add♭9
Bm7
Esus4
E
Pno.
Gtr.1

A
G♯m7
F♯m7(add11)
Esus4
E
Pno.
Gtr.1

Pno.
Gtr.1
Gtr.2
D
C#m7
F#add♭9
Bm7
E
A
29
8va

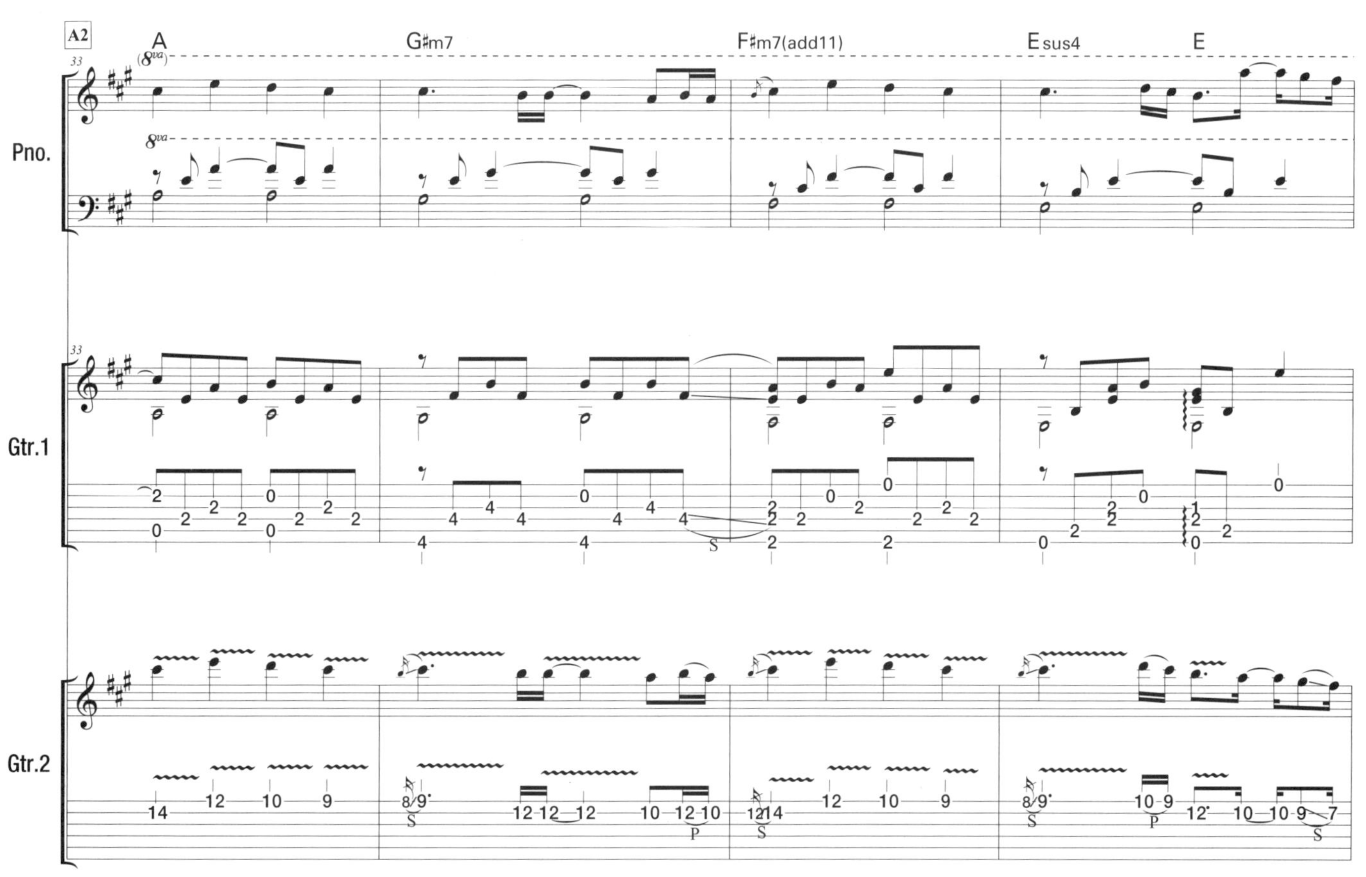
A2
Pno.
Gtr.1
Gtr.2
A
G#m7
F#m7(add11)
Esus4
E
33
8va
8va

D
Asus2/C♯
Bm7
Esus4
E
Pno.
Gtr.1
Gtr.2

A
G♯m7
F♯m7(add11)
Esus4
E
Pno.
Gtr.1
Gtr.2

Pno.
Gtr.1
Gtr.2
D
Asus2/C#
F#add♭9
Bm7
E
A
Ending
D
C#m7
F#add♭9
Bm7
E
Gadd9
D/F#
Dm/F
E
Amaj7(9)
rit.
rit.